因為不敢拒絕你我總在浪費生命！

擺脫濫好人，學會拒絕的56堂勇氣練習課

智語──著

上司毛手毛腳、同事愛開黃腔、
戀人當眾求吻、友人頻繁借錢、路人當街要錢……
最齊全的擾人情境，總有一個是你的遭遇！

本書教你開啟全新社交方式──「拒絕術」
先講案例後分析，領悟拒絕技巧還能享受故事的樂趣！

擺脫濫好人

學會拒絕的 56 堂勇氣練習課

目錄

內容簡介
前　言
第一章　職場中的「孫子兵法」
金蟬脫殼計——拒絕超時工作　14
劃出「責任」——拒絕「分外事」　18
顧客不是真上帝——拒絕客戶的無厘頭要求　22
只做選擇題——拒絕下級的「愚蠢」問題　27
不做「忍者龜」——拒絕老闆工作之外的要求　31
親兄弟，明算帳——拒絕同事之間的借貸　35
擺足官架子——拒絕不想收納的求職者　39

別浪費我的生命——拒絕他人占用你的工作時間 44
超人不會飛——拒絕無法完成的任務 48
職場不需要大長今——拒絕辦公室的勾心鬥角 52
小心「披羊皮的狼」——拒絕辦公室的性侵擾 56
誰都不是大財主——拒絕下屬提出的額外加薪要求 60

第二章 玩轉日常拒絕術

不做「垃圾桶」——拒絕成為無節制的傾訴對象 66
構建心靈防空洞——拒絕被打探隱私問題 70
你不是「小丑」——拒絕被亂開玩笑 74
不摘帶刺的玫瑰——拒絕身邊的謊言 78
別坐「熱氣球」——拒絕不切實際的誇讚 82
不當參天大樹——拒絕成為他人的依靠對象 86
我的生活我做主——拒絕別人干涉自己的生活方式 90
不聽半夜電話——拒絕深夜來電 94
我的東西不借你——拒絕借東西不還 99

目錄

掌握好生活的方向盤——拒絕頻繁聚會 103
我不是萬能膠——拒絕朋友拿你當擋箭牌 107
誰都不是土豪——拒絕朋友的炫耀 111

第三章 男女之間「授受不親」

瓜田李下閒話多——拒絕曖昧的邀請 118
愛情不是一個人的事——拒絕不喜歡的人對自己示愛 121
打不是親，罵不是愛——拒絕無意義的爭吵 126
為愛情打一副「金口罩」——拒絕把分手當成威脅工具 130
性愛不是感情「黏合劑」——拒絕用性愛來維持愛情 134
感情「不插隊」——拒絕成為第三者 138
把愛放在密閉室——拒絕在公共場合秀甜蜜 143
選擇好你的顏色——拒絕黃色笑話 147
不做愛情大話王——拒絕情人間虛假的甜言蜜語 151
變成一個健談的人——拒絕初次見面時冷場的尷尬 155
不和麥芽糖牽手——拒絕愛情中嚴密監控 159

第四章 不要和陌生人說話

買賣不能「一廂情願」——拒絕街頭強迫推銷 166
騙心善心不等價——拒絕假乞丐的行討 170
天上不產好餡餅——拒絕地攤便宜貨 174
別被他人牽著鼻子走——拒絕商場服務員的語言誘惑 178
閒話家常不能隨便聊——拒絕在公共場合談及個人隱私 183
他不止是「路人甲」——拒絕把電話借給陌生人 186
距離不只產生美——拒絕網路虛假中獎資訊 191
你不是大喇叭——拒絕在公共場合大聲喧嘩 195
我不是活地圖——拒絕被陌生人問路 199
煉一雙火眼金睛——拒絕潛伏起來的敲詐 204

第五章 拒絕人生陰雨天

做出一份「鴛鴦鍋」——拒絕把工作和生活混為一談 210
讓自己「宅」出花樣來——拒絕單一無聊的生活方式 214
一口吃不成胖子——拒絕盲目吹噓自己 217

目錄

你不是「泡沫經濟」——拒絕過度貶低自身 221
穩定自己的情緒天平——拒絕受不良情緒的困擾 225
不建「豆腐渣工程」——拒絕不切實際的幻想 229
人生是條單行道——拒絕猶豫不決 233
找準射箭的靶心——拒絕盲目，缺少行動目標 237
誰是你的「鬧鐘」——拒絕懶惰和拖延 241
「螳臂當車」不可行——拒絕只考慮自身的問題 245
別讓自己很受傷——拒絕給自己樹敵 249

內容簡介

這是一本不受年齡、性別和職業限制的書，但凡熱愛工作、用心生活的人都可以以它為指導，更好為我們的健康有序的工作和生活帶來智慧的力量、切實的指導，讓我們每天都能充滿自信、積極去面對繁雜的人事關係，迎接屬於自己的快樂天地

本書透過近百篇的情景寫真，真實而準確將日常工作和生活所碰到的近乎無法拒絕、無法面對的大小事件予以再現，透過有效的評論／評價和實用的拒絕竅門，讓你再面臨類似問題或正身處此類場景時，如浴春風，身心輕鬆，快樂而自信，依靠智慧的頭腦向對方說「NO」，且透過這種思維方式為你打開破解問題的思路，自己演變出更多面對無法拒絕的難題時所需要的有效方法和全新的社交方式

擺脫濫好人

學會拒絕的 56 堂勇氣練習課

前言

拒絕是什麼?

沒錯,拒絕就是不答應。可是,當你遇到自己不想做的事情時,你會勇敢向對方說「不」嗎?一位朋友曾說「生平最不願意做的事情就是拒絕別人」,很多人講究「仁義」,朋友有難,理應拔刀相助,這是做人的根本。可是,當面對不斷讓你加班的老闆,你會說「不」嗎?當被職場的「前輩」呼來喚去,你敢拒絕嗎?當被「狐朋狗友」日日糾纏,你能讓自己不答應他們的要求嗎?當獲得成功或失敗的時候,能夠拒絕自己出現偏激的情緒嗎?

也許你會搖著頭說:「這些太難了,有很多事情根本就沒辦法拒絕。人在江湖,身不由己。」那麼我要告訴你,你錯了。只要掌握了拒絕的藝術,想要拒絕這些難題的侵擾並非不可能。讓我們一起來看看哈佛大學的兩則事例:

世界首富比爾蓋茲當年就讀於哈佛大學,當他看到軟體發展所能夠帶來的商機時,毅然選擇了退學。隨後,他建立起了日後聲名顯赫的微軟公司。也許,當初退學的決定是比爾蓋茲心中永久的傷痛,所以他在成名之後,曾懇請昔日的母校能夠頒發給自己一份大學畢業文憑。按常理說,哈佛大學完全可以做一個順水人情，這樣做既實現了比爾．蓋茲多年的夙願，又可以給本校做一份免費廣告，何樂而不為呢？可是，哈佛大學最終卻沒有答應比爾蓋茲的懇求。理由很簡單，比爾蓋茲當年沒有在哈佛完成應該修完的課程，其在商界的成功並不能代表在學業上的成功。

另一則故事發生在哈佛大學和雷根總統之間。一九八六年，哈佛要舉行建校三百五十週年慶。當時，學校希望雷根總統能夠蒞臨現場。可是，演員出身的雷根很希望能夠得到哈佛名譽博士的稱呼，便趁機向哈佛方面「敲竹槓」。最後，哈佛大學的董事會研究決定，不答應總統的要求，因為他並沒有為哈佛的學術研究做出任何貢獻。儘管雷根總統最終沒有出現在校慶現場，但哈佛卻因此保證了自己的尊嚴不被侵犯。敢於向總統說不，哈佛大學恐怕是世界上的第一個這樣不怕犯上的教育機構了。

拒絕是一門藝術。在面對對方的百般請求，能夠做到既不傷對方的自尊，也不讓自己為難，才可以稱之為完美的拒絕術。面對世界首富和美國總統，哈佛大學說出的絕不僅僅是一個「不」字，更展現出了一個世界名校那份獨有的教育之道和教學尊嚴。

名校如此，我們個人在人際交往中也是一樣，巧妙拒絕各種不合理的要求，才能夠遊刃有餘遊走在職場和生活之間，讓各種煩惱和討厭的事情從此遠離自己。說「不」是每個人的權利，是一種「有所為而有所不為」的主動態度，而絕非自私自利的利己主義，它是完善人格的一個重要組成部分，從而促使我們自覺的、恰當的使用這個權利與他人交往，進一步提升和諧美好的人際交往之道。

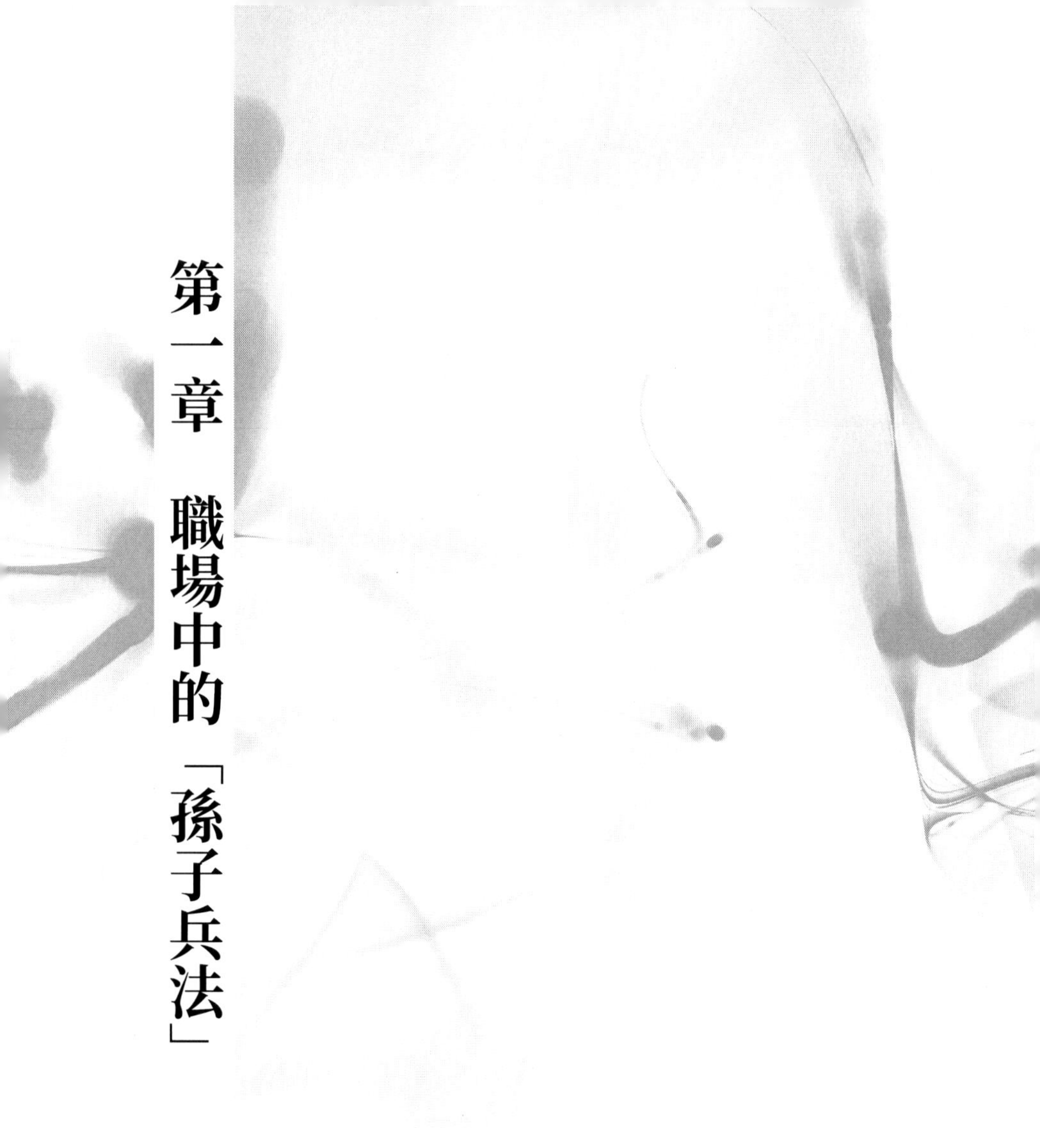

第一章　職場中的「孫子兵法」

金蟬脫殼計——拒絕超時工作

職場如戰場，某外資公司業務副總裁劉先生說：「在面對同等的競爭和同樣的機遇時，任何人都希望自己能夠有一個出色的表現。為了能夠在行業裡站穩腳跟，超時工作是不可避免的事情。」

醫學研究證明，長時間加班會使人生理上出現血壓升高、腸胃不適、失眠多夢等症狀，同時會在心理上產生厭倦情緒，使工作效率降低。而「過勞死」、「亞健康」更是引起無數人的關注和恐慌。那麼，在面對不合理的加班要求時，應該如何去拒絕，才能夠達到避免超時工作的目的呢？

【案例追蹤】

張琳是某日商的資深員工。在外人看來，張琳有著不錯的薪水，公司福利也相當優越，然而家家有本難念的經，在光鮮亮麗的外表之下，她也有著自己的不快之處。

「外商的薪水不是好賺的。」張琳常常這樣心有感觸的說。原來，自從張琳五年前在這家公司做實習生開始，加班就成了家常便飯。剛開始，她還經常自我安慰，認為自己多做一點事情，就能有更大的業績，從而會多一份機會得到上級的賞識。於是，她也就把加班當成了一個員工必須要付出的代價。順理成章的，張琳因為表現優秀而成功通過試用期，成為極少數留下來的正式員工中的一員。

可是，當張琳認為自己成為了正式員工，終於可以享受朝九晚五的合理待遇時，加班的問題又接踵而至。按時下班對張琳來說幾乎已經成為奢望。直到後來她結了婚、有了孩子，把加班作為「潛規則」的公司也一直沒有給她足夠的休息時間。因為工作的原因，張琳少有時間陪孩子，這讓她苦惱不已。

終於，張琳決定要改變公司的這種加班行為。這一天，離下班還有半個小時，專案經理又來宣布加班的通知。張琳說自己要回家帶孩子，暫時不能加班。沒想到，這麼一個合乎情理的要求卻引來經理的勃然大怒。為了保住自己的飯碗，張琳不得已只好繼續加班。

後來，她又嘗試過多種方法來逃避加班。雖然偶有成功，但是大多數情況下都被經理嚴詞拒絕。以至於到後來，張琳上班的時候全部心思都放在怎麼樣和經理打游擊戰上面，完全失去了工作的耐心，這也讓她的工作業績直線下滑。

終於有一天，張琳再次要求不加班而被拒絕的時候，她拿出了當初和公司簽訂的合約，甚至搬出了《勞基法》。雖然，那一次之後張琳再也沒有加過班，但是經理卻經常因此事而刻意冷落她。最後，在經理不斷的暗示之下，張琳遞上了辭呈。

【見招拆招】

如今，城市生活的節奏越來越快，給人造成的壓力也越來越大。工作在一座座高級辦公大樓裡面的白領族們，卻要為這些負面效應買單。當有一天朝九晚五變成了朝五晚九的時候，發牢騷根本不能解決實際問題。拒絕加班，不是和老闆對抗，而是用更為智慧的方式來實現自己的目的。否則，只能得到案例中張琳的結局。那麼，你就要學會採用金蟬脫殼的方式，巧妙地拒絕加班，贏回本屬於你自己的休息權利。

【拒絕竅門】

不論是企業的老闆，還是公司的員工，如果你在簽訂勞動契約的時候，注意到加班和休息的權利時，那麼恭喜你，你已經為自己的休息權利找到了法律上憑證。有了法律做自己的靠山，那麼金蟬脫殼永遠都不會等同於自尋死路。

想要拒絕加班，想要全權支配自己的業餘時間，就需要學會下面這四招：

第一招，編造理由法

當已經忙了一天，即便老闆按規定付給你加班費，你也不願意加班的時候，可以適當編造出一個理由來委婉拒絕加班。在平時，利用和老闆聊天的機會多「編」一些親戚，在老闆向你提出加班要求的時候，可以用這些「親戚」幫你渡過難關。如你的大表哥今天從遠方過來看你，或者小表妹正好有事情需要幫忙。即便工作再忙，老闆也不會眼巴巴看著你的親人在這個陌生的城市中茫然無助。

善用這些平日「編造」的人物，往往可以達到出其不意的效果。

第二招，提前準備法

若是每天都處在「受剝削」的狀態，而你恰恰又不想加班，只想準時回家享受自己的小幸福，那麼這一招無疑最有效果。利用每天下午下班之前的一兩個小時，向老闆詢問有沒有臨時的工作安排。你可以這樣說：「老闆，我今天想要準時下班，請問您這裡有需要臨時處理的庶務嗎？」如此，不但讓老闆覺得自己得到了應有的尊重，而且在維護你準時下班這個權利的同時，還留下了可以協商的餘地。

在詢問的時候，一定要堅持住自己的立場。千萬不能使用商量的語氣，如「老闆，我今天可以不加班嗎？」這樣往往會招致反面的回答，從而讓自己在老闆的心目中留下一個不夠積極的印象。

又或者，假裝身上有不適的症狀，也能助你暫時逃之夭夭。只是要記住，不能讓自己總是生「同一種病」，如果那樣的話，恐怕就連如同阿甘一般的老闆也會起疑心的。

第三招，用工作推工作法

這一招，最能表現你的勤奮和積極了。告訴老闆，你手頭正在處理的這件事情也非常緊急，或者還有更為重要的事情等著你去辦。問清楚老闆交給你的臨時任務需要什麼時候完成，然後問老闆自己可否帶回家去做。如此，就可以避免你在辦公室加班了。而且，老闆一般也不會鐵石心腸到非要你帶回家去做的程度，他很有可能會把這件任務交給其他人去做。

第四招，嚴詞拒絕法

當以上三招都不靈的時候，那就只有拼死一搏，做魚死網破的覺悟了。對於總是要你加班的老闆，可以採用嚴詞拒絕的原則，用勞動契約和勞基法的法律來當武器，為自己拒絕加班找到理論上的依據。此時，你需要傳達給老闆一個明確的資訊，就是你不是隨時隨地都會無條件答應加班。

當然，這個原則所帶來的危險性就是，你很有可能「被老闆炒魷魚」。所以，若非身處公家機關或者是嚴格按照章程辦事的大公司，那麼這一招還是少用為妙。否則，你還得辛辛苦苦尋找下一個飯碗。

當然，有些人加班並非是因其工作積極性高，而是因為平時工作效率低，在規定的工作時間裡面無法完成工作任務，所以只好留下來加班。面對這種情況，想要拒絕加班就先要從自我反省開始做起了。

最後強調一點，對工作要盡心盡力，必要的加班還是要接受的。面對老闆的時候，要做到不卑不亢，才能保證自己的合法權益不受侵犯，才能遊刃有餘的和老闆展開拉鋸戰。

劃出「責任」──拒絕「分外事」

工作的基本任務是完成自己的分內之事。可是，剛進公司的實習生或新員工往往會被老員工要求做各種分外之事，從而影響自己的工作進程，最後還有可能嚴重影響自己的實習成績。拒絕「分外事」，拒絕無原則的「奉獻精神」，代表著你開始重視自身價值的需求，表明你已經把目光更多放在了工作上面，而不是想要透過各種人際關係來獲得提升和嘉獎。

【案例追蹤】

李嵐和劉悅同時得到了一家通訊公司的實習機會。能夠進入該公司是多少莘莘學子的夢想，所以李嵐和劉悅兩個人都十分重視這次實習機會，都希望透過在實習期中的完美表現而得到最後留下來的那一個名額。

在進入該公司之前，李嵐早就做好了準備。他認為，想要在一個新的環境裡面站穩腳跟，就必須和周圍所有的人打好人脈關係。只有這樣，才能為自己贏得天時地利人和的優勢，自己留下來的機會才會更大。因此，在實習的過程中，李嵐對任何事情都表現積極。如幫同事拿報紙、買便當、買飲料、幫經理影印……可以說忙得不亦樂乎。

皇天不負有心人，李嵐的努力得到了大家的一致認可，所有的人都認為他是一個熱心的同事，也更加放心把自己的事情交給他去處理。李嵐因為自己得到了其他同事的認同而感到自豪，再後來，即便與工作無關的事情，如幫助他人接孩子、替同事去洗車等等他全都包攬下來。李嵐一直勤勉不懈做著這些事情，毫無怨言。

而劉悅和李嵐恰恰相反。當有人請他幫忙的時候，他總是先要看看自己的時間表，在確定自己完成工作任務之後還有充足的時間，才會答應下來。很多時候，劉悅會以工作還沒有完成為藉口而拒絕對方的請求。這讓他顯得非常冷漠，一點也不近人情。漸漸的，請劉悅幫忙的人越來越少。大家對劉悅和李嵐兩個人的評價呈現截然相反的兩個極端。

很快，試用期過去了，老闆決定誰將要留下來的時候到了。李嵐認為自己同事關係好，自己一定會被留下來。但他沒想到的是，最後留下來的是劉悅。

李嵐百思不得其解，最後經理的一番話讓他幡然醒悟。經理說：「李嵐，這段時間你的表現很不錯，你很熱心，幫助很多人做了很多事。但是，公司需要的是在工作本身更出色的人，而不是時刻幫助他人以維持好人緣的人。很遺憾，你沒有讓我看到你在工作上的用心之處。所以，我只能祝你在其他公司找到適合自己的職位了。」

【見招拆招】

李嵐錯失最後留下的機會，根本原因是他不懂得如何去拒絕同事攤派給自己的「分外之事」，從而把更多的精力放在了與工作毫不相關的事情之上，反而成了捨本逐末的表現。因此，學會拒絕同事的不合理要求，才能更好的、一心一意的去工作，才能夠不與夢寐以求的機會擦肩而過。

競爭多、就業壓力大，是眾多大學畢業生面臨的嚴峻問題。好不容易得到一個實習的機會，每一個人都想用最完美的表現來爭取留下來的名額，可是，職場如戰場，只有實力的人才能在這場爭奪戰中存活下來。別去想旁門左道，拿出真正的實力和對方PK吧，去迎接屬於你的明天。

【拒絕竅門】

工作之中，自己的分內之事和分外之事理應劃清界限。幫助同事這本身無可厚非，但是若把主次顛倒，必將影響你正常工作的進行。那麼，在遇到同事向你提出不合理的要求時，應該怎麼樣去拒絕對方呢？

工作才是第一要務

堅持工作第一，「好鋼用在刀刃上。」要把自己的主要精力放在工作上面，而不是將時間花費在其他零碎的小事情上。人的時間和精力是有限的，所以，我們不可能有大量的精力去幫助所有的人解決難題。所有的事情都有輕重緩急之分的，把對你來說最重要的事情放在第一位，才能保證不會被其他的事情拖垮。

當同事向你提出與工作相衝突的要求時，你可以婉轉的說：「不好意思，你看我手頭的工作還沒有處理完呢。如果你不著急的話，我下班之後再去幫你處理。你要是很著急的話，那麼能不能先請別人幫忙？我現在實在是忙不完。」

巧打「太極拳」，用其他的事情來做「擋箭牌」

雖然身處職場，但每個人都有自己的私人事情。即便是剛進入公司的實習生，也不可能一天二十四小時都在為公司服務。所以，當同事向你請求「幫助」的時候，你可以把自己的私事亮出來，告訴對方你在下班之後也有緊急的事情要處理，很遺憾不能幫他的忙。同時，你還可以這樣說：「這次實在是不好意思了。下次你再需要幫忙的時候，提前和我打一聲招呼，我一定盡力幫忙。」如此一來，不但可以讓自己成功脫身，更不會損傷到彼此之間的人際關係。

曉之以理，動之以情

工作場所就像是社會的縮影，多一個朋友就會多一次升職加薪的機會。因此，在拒絕對方要求你去做「分外事」的時候，最好不要強硬的拒絕對方，一定要做到曉之以理動之以情。比如：對方請你下班之後幫他去接孩子，你可以這樣說：「其實我很想幫你這個忙，可是我覺得父母和子女之間的感情無價，孩子通常希望是家人來接送。如果你實在離不開，我可以幫你這個忙。但是，我依舊堅持剛才的觀點。」

從對方本身的利益出發，才會更具說服力，讓其感到你是在真心實意的為他著想，而不是故意推諉。由此，對方不但不會記恨你，還會從內心感謝你。

「來者不拒」的心理，會讓你覺得工作變得壓力重重。及時拒絕掉分外之事，拒絕同事的不合理要求，才能保證自己輕裝上陣，這才是真正懂得工作的人應該具備的正確心態。

顧客不是真上帝——拒絕客戶的無厘頭要求

每個人都有自己的活動區域，就像是電視的動物節目裡面經常出現的場景一樣，一旦你侵入了別人的領地，就需要謹小慎微行動。當然，如是外來物種侵入你的地盤，你就需要端起「地主」的架勢，明確告訴他誰才是這裡的王者。

【案例追蹤】

史今是一家設計公司的新員工。由於大學裡面學的專業是室內設計，並且史今本人的功夫底子十分扎實，所以在千軍萬馬過獨木橋般的應徵競爭中，史今以明顯的優勢勝出了。他本以為找到了一片能夠讓自己自由創意的天空，可是在接了幾次訂單之後，史今才真正明白「顧客就是上帝」的另一層意思。

在一次給客戶做店面設計時，史今從最初的創意方案、櫥窗設計圖紙到執行時選材和用料，全都一一耐心和店長溝通。他不禁暗自慶幸，這一次終於遇到了一個容易說話的「上帝」。

按照合約要求，客戶先繳交百分之五十的訂金，等到工程完工、驗收合格之後才會把剩下的款項繳交到公司。本來一切都按著正常的軌跡運作著，可是當客戶在驗收單上簽字時，店長卻開始挑剔了。

因為裝修工人在工作的時候不小心把門板上刺出一個芝麻粒大小的洞，客戶便以此為藉口，開始和史今所在的設計公司之間的拉鋸戰。

為了息事寧人，史今承諾自己會掏錢包幫助他把門板重新用油漆刷一遍，以保證顧客進店的時候不會注意到如此小的缺陷。然而店家不但要求更換整個門板，並且還要公司承擔因為延遲裝修而帶來的經濟損失。史今沒有辦法，只得把情況彙報給了公司。

史今的主管出面向客戶道歉，並且還對史今在工作中的失誤做出了相對的懲罰。並且，主管還承諾會主動為店家更換一扇新的門板。店家本該見好就收，然而他卻還在向公司追討經濟損失。最後，主管發怒了，他拿出當初和店長簽訂的合約說：「我們承認顧客是上帝，但是作為上帝也應該考慮一下我們的承受能力。對不起，如果嚴格按照合約內容來評價的話，我們的裝修失誤完全是在合約規定的容許範圍之內。你要是再糾纏不清，那麼可能連最基本的賠償都得不到。說不定，還需要你支付我們違約金。」

店長被主管的話鎮住了。經過仔細考慮，他接受了主管的建議，領取了一定的賠償金，這件事到此才算了結。

史今受到了處分。事後，主管意味深長拍著史今的肩膀說：「年輕人，我知道你是想要做出最好的設計方案，想要讓自己和客戶雙方都滿意。可是，同時你也要明白一點，顧客並不是真的上帝，在涉及到公司利益的時候，要學會用恰當的方法去拒絕他們的不正當要求。只有這樣，我們才能堅守住自己的陣地而不被打垮。」

史今若有所悟的點了點頭。

【見招拆招】

身在服務行業，需要直接面對形形色色的客戶。有時候，雖然我們在竭盡全力配合著客戶的各種想法，可是仍舊會到頭來難免還有怨言。更有甚者，最後往往還會發展到無理取鬧的地步。因此，在面對客戶的無厘頭要求時，我們需要的是一份睿智，而不是愚忠。

【拒絕竅門】

其實，最後造成公司和客戶之間兩敗俱傷的原因，大多出現在溝通之上。一方面，公司為了維護自己的利益而堅持不願意讓步，另一方面客戶卻還在一條條提出莫名其妙的要求。此時，擺在你面前的道路也很明確。首先，這筆生意你丟不得，否則你就會失去自己的飯碗；其次，你又不能得罪眼前怒火中燒的「老佛爺」，否則一樣會得到丟飯碗的結局。不過，也恰恰是你能意識到這兩點，就有機會很好的掌控事態的發展。

巧避鋒芒要冷靜

一個優秀的銷售人員，在對顧客說「不」的時候，仍然可以把產品賣出去，原因就在於他拒絕了客戶的無理要求，但是卻可以為其提供更多選擇的餘地。若是一味只知道滿足客戶的無理要求，首先就證明了你對自己的不自信和對公司的不忠誠。面對客戶死纏爛打的攻擊，倘若你覺得一時之間難以招架，不妨借鑒一些優秀銷售人員的做法，避而不談客戶的要求，而是把其目光轉移到另外的訴求點。

先讓自己保持冷靜，清楚自己的底線在什麼地方，然後你可以微笑著對客戶說：「親愛的顧客您好，實在很抱歉，我真的沒有辦法滿足您的這個要求。但如果您不介意的話，我想我可以給您提供一些更為妥當的選擇。」如此，只要客戶的話鋒稍有緩和，你就要把握機會乘勝追擊，直到成功在這場阻擊戰中獲得全勝。

尋求雙贏的共同點

有一句話說，如果你打不贏他，就和他成為朋友吧。很多人往往都會認為公司和客戶之間是純粹的利益關係，甚至雙方還會站在利益的對等面，即便是客戶或者公司內部的員工，也都會有這樣的想法。矛盾是對立統一的。所以，相互對立的兩件事物，一定有互相統一的一面存在。

其實，當遇到無法解決的爭端時，不妨讓自己先接受客戶的思路。站在客戶的立場上，從對方的角度去思考問題，然後從他的思路中尋找到有益於公司的突破點。在這些突破點上，你就可以和客戶達成共識了。這樣做，可以把客戶從態度強硬的思維狀態中拉出來，帶他進入雙贏的思維空間中。既然看到了有利可圖，客戶的強硬態勢自然就會減弱。

立足本身，逐個攻破

如果你實在沒有辦法從客戶的思維中找到有利於公司的突破點的話，那麼就從中尋找可以攻破他的邏輯模式的角度吧。按照他說話的條理，一點點的和公司的規定去對號入座，然後再根據規定逐個攻破。當最後客戶因為理虧而變得啞口無言時，你就迎來了勝利的時刻。

需要注意，此種方法在執行的時候，堅持原則是首要問題。千萬不能還沒有反駁客戶，卻先被對方的邏輯反駁得無話可說。

堅持長線作戰

如果遇到很難纏的客戶，那麼就應該堅持長線作戰。通常情況下，這樣的「談判」如果在一時半會的時間裡面沒有取得一絲進展，交戰雙方都會產生疲勞之感。這個時候，你需要做的就是堅持，不能比對方先倒下。多堅持一分鐘，就多一分鐘希望。設想一下，你是不是可以這樣說，從而把話題重新轉移到你所期望的主題中來：「我們已經在這些問題上浪費了三個小時來試圖達成一項公平合理的解決方案。現在，我建議重新回到付款條款上來，看看是否能做出總結。」

當然，當所有的辦法都行不通的時候，最直接的選擇就是快速把問題彙報給公司，尋求公司中更有經驗人的幫助。

只做選擇題——拒絕下級的「愚蠢」問題

身在職場，如果是你一個管理者甚至掌握員工「生殺大權」的人，那麼，你要記住，你不能替每一個人處理沒完沒了的「雜事」。要提醒自己，一個好的管理者，不是所有的事情都要事必躬親，而是有效協調所有資源，讓每一件事情都按照既有的條理運轉。你真正需要做的，只是選擇題。

【案例追蹤】

有一個問題困擾劉燕已經一年多了。

劉燕的辦公室中一共有七個人，一個是主管，三個是同階級，剩下的三個人全部都屬於劉燕的部屬。按常理說，劉燕在辦公室裡面也算是一個不大不小的人物了，基本上可以說成是「一人之下，三人之上」的小主管。但是，自從劉燕被主管任命為組長之後，煩心事一直沒有少過。

在這七個人中，劉燕的年齡最小，因此在管理上總是壓不住陣腳。她手下有一個比自己大三歲的女性，叫海蘭。海蘭進公司的時間比劉燕長，年齡又長，而且還有著比劉燕硬的後台撐腰，因此每當劉燕分派給海蘭任務的時候，她總是對劉燕擺出一副愛理不理的樣子，臉上的表情似乎在說，你一個黃毛丫頭憑什麼來管我？

然而，海蘭畢竟是受劉燕的管理，工作業績的好壞也完全由劉燕說的算，因此並不敢太囂張。明的不行，她就總是在暗地裡面「貢獻」一些損招。到了任務期限快到的時候，海蘭就會跑到劉燕跟前，說：「組長，這個事情我處理不了了，你看怎麼辦呢？」本來時間就比較緊迫，海蘭卻在緊要關頭出包，為了公司的利益，劉燕只得接手海蘭丟下的一大堆爛攤子。

不止如此，更有甚者，劉燕剛一把任務報告放到海蘭的桌上，海蘭張口就會說：「組長，這樣的事情我沒有做過，你示範一下讓我學習吧。」劉燕明知道這是海蘭故意裝出來的樣子，但是自己還不得不一點點的把本來應該是海蘭做的事情處理完。

做完之後，海蘭只是隨口一句謝謝，就打發了劉燕的所有努力。

為此，劉燕經常被弄得無法完成自己的任務而受到主管的批評。可是當他想要向上級訴說苦衷的時候，辦公室裡面的唯一主管卻總是用各種好言相勸。雖然主管也知道海蘭的為人，但無論有什麼事情，依舊會派劉燕去執行。而劉燕一方面需要面對這樣刁蠻的下屬，一方面又是只會充當濫好人的主管，自己夾在中間卻當不好這個「和事佬」。

該何去何從，劉燕陷入了深深的焦慮之中。

【見招拆招】

面對這樣的難題，相信不知道怎麼辦的人絕對不只是劉燕一個人。面對年齡比自己年長、資歷比自己高的下屬，既要把工作的任務分派下去，又不能呈現出頤指氣使的樣子。尤其是在遇到愛理不理的時候，往往會讓自己賠了夫人又折兵，費心費神的結果卻不能使主管滿意。因此，在面對這樣的情況時，身為一個領導者，需要做到的就是讓每個人各司其職。你只需要做一些簡單的「選擇題」，而不是要幫下屬完成複雜的「問答題」。

【拒絕竅門】

造成劉燕困境的一個最大原因，就是她不懂得如何去拒絕下屬的「愚蠢」問題。所以，她才會被本不應該屬於自己工作範疇內的事情糾纏得焦頭爛額。只做「選擇題」，是每一個領導者都想要實現的目標，可是又應該怎麼樣去做呢？

要樹立起自己的威信

年齡和年資固然是個現實問題，但你用什麼樣的行動來處理上下級之間的關係，其實比單純把眼光放在年齡和年資上更具有現實意義。幫下屬做事，和他們打成一片並不是一個明智的選擇。

從最開始就必須要樹立你主管的威信，學會指揮他人做事。人都是有惰性的，一次叫不動絕對不能因此而選擇放棄，這次你讓了一步，下一次他可能就會得寸進尺。你是主管，他是下屬，一定要記得彼此的身分。所以，你的工作是交辦任務，他的工作就是執行任務。

溝通遠比拒絕要有作用

找一個閒暇的時間，可以和你不聽話的下屬單獨聊聊。你要讓他明白，雖然你的職位比他高，但是並不等於你的見識就比他廣。在涉及到長遠規劃問題的時候，可適當聽取他或者他們的意見。這樣做，可以培養起下屬對你的信任感，同時也是幫助你了解下屬的好方法。

和你的下屬保持一定的「距離」

距離不但能夠產生美，還能夠因為距離的原因而產生敬畏之情。不要誤以為同處一個部門，就可以做到無話不談。在公司裡面，你們之間永遠都只有上下級的關係，因此不能用任何人情債來當做工作的藉口。

即便再熟悉的老朋友，你也只是需要唯一一個結果，一個可以讓公司的生意蒸蒸日上的結果。至於想要達到這個結果所要付出的努力，則是下屬們需要去做的事情。

團隊是個常用常新的理念

一個能力強的主管根本不用害怕下屬的強悍。適當給下屬提供一些培訓的機會，只會讓你們的團隊變得更加茁壯。打造一個和諧的團隊，並不是要每個人都聽你的，而是指要協調好彼此之間的關係。

永遠不要太信任其中一個部屬，只有實現彼此的力量互相牽制，你才能穩做最終的王者。

永遠不要忘記一點，在工作之中，必須把會做人放在首位，然後才是會做事。做人就是把自己作為一個點編織到上下左右的網中，成為這個網的一部分。當大家可以休戚與共時，你們的團隊才是最強大的。

不做「忍者龜」——拒絕老闆工作之外的要求

不論是下屬對老闆，還是老闆對下屬，簡單說來都是僱傭和被僱傭的關係。加班固然讓人心煩，但那畢竟也是為了工作。可是，當老闆在下班的時候，向你提出工作之外的要求時，你會怎麼辦？或者是老闆經常讓你去做一些和工作完全不相干的事情，在耽誤了工作進度之後還會對你埋怨半天，那麼你又應該如何去處理呢？

【案例追蹤】

徐傑一見到他的朋友們，總是會自嘲說自己是「忍者龜」。要追究其這個特別的綽號，還得從他的工作說起。

徐傑以優異的成績畢業於著名大學。然而，當他四處投履歷，找了許堆工作之後，他才真正意識到想要找到一份稱心如意的工作究竟有多難，才真正明白工作背後的無奈。

經過重重的面試，徐傑終於脫穎而出在一家私人企業得到了一個工作。自小工作就任勞任怨的他很快就得到了老闆的賞識。老闆是一九五〇年代的人，所以對電腦和網路等新鮮科技既著迷又無從下手。恰恰剛剛進公司的徐傑是大學畢業生，因為是在試用期，工作任務也不是特別繁重，所以老闆經常讓徐傑幫忙處理電腦文書。

徐傑認為自己幫忙是理所應當的事情，因此總是很爽快就答應了下來。可是，隨著時間的推進，徐傑逐漸發現自己已經成了老闆身邊離不開的免費電腦文書人員了。每天在離下班還有五分鐘的時候，老闆就會帶來一堆檔案要徐傑幫忙列印及整理。有時候，已經是晚上十點鐘了，老闆因為有緊急事情而把剛要入睡的徐傑從家中叫到公司處理庶務。

徐傑能忍則忍，畢竟如果他因為一時的氣憤辭掉這個工作，將要面對的依然會是茫茫的求職大海。

然而，這一切其實只是開始。發展到後來，徐傑就更加身兼多職了。禮拜天的時候，老闆會一個電話就讓徐傑去送東西，或者當徐傑和女朋友約會的時候老闆還在不停打電話要他回公司幫忙。所有這些事情，都不屬於工作的範疇之內，徐傑又不能明目張膽向老闆索要加班費。有時候，在電話裡面徐傑好幾次都想要發火，可是殘酷的現實讓他只能一忍再忍。所以，他在一見到自己的朋友們時，總是開玩笑說自己再這樣下去真的就會變成「忍者龜」。

後來，或許是看徐傑人老實，更多的老員工開始依賴起他來。在開會的時候，總有幾個老員工自己在一邊看報紙、喝茶，反而讓徐傑幫他們做會議記錄。這件事最終成了一個觸發點，忍無可忍的徐傑選擇了辭職。他離開了這家公司，並且發誓，自己從此以後再也不做「忍者龜」了。

【見招拆招】

「主管的要求就是我們的追求，主管的鼓勵就是我們的動力，主管的想法就是我們的做法，主管的嗜好就是我們的愛好。」二〇〇九年，一則詼諧、幽默而又不失自嘲的打油詩在職場中流傳開來。作為職場潛規則之一，迎合老闆的愛好，已成為眾多人的共識。不管能不能從中得益，但至少，你跟老闆有了共同的話題。然而，過度迎合老闆的嗜好，可能也會為自己帶來不盡的煩惱。

所以，學會拒絕不要做「忍者龜」，才能為自己爭取正當的權益。

【拒絕竅門】

在職場上，員工迎合老闆的嗜好是一個普遍現象，大家也都能理解。然而，員工們一方面認為迎和老闆的嗜好、為老闆做一些工作之外的事情，就能夠討得老闆的歡心，也就多了一份升職加薪的機會；而另一方面，老闆更應該反思自己，別只是為了一時高興，而忽略了員工正常的休息權利。

當然，碰到一個好老闆，這些事情都是不用你去擔心的。可是如果碰到如同徐傑的老闆的境況，你應該怎麼辦呢？

要明確自己的態度

不管你最終選擇了答應或者不答應老闆的請求，都一定要先明確自己的態度和立場。

員工不是全年無休的機器，他們也有自己的私人生活。因此，在遇到老闆提出一些額外要求的時候，你完全不必勉強自己，應該適時拒絕老闆的要求。如果你只是一味迎合，作為老闆，他可能會認為你是非常樂意做這些事情的，以至於隨傳隨到。

可你過度迎合，有時候不光會給自己帶來煩惱，也會引起主管的反感。比如你成天陪他著吹噓拍馬，工作卻做得一塌糊塗，相信沒有主管會喜歡這樣的下屬。

不能只聽主管的安排

也有很多時候，不是主管不關心下屬的私人生活。只是當他們提出一些要求的時候，身為下級，不知道應該怎麼樣去拒絕，所以總是會茫然的答應下來，由此造成一次次惡性循環。「聽主管的安排，沒錯！」這是計畫經濟時代遺留下來的毒瘤。在明確自己的態度和立場之後，你要勇敢向老闆說明自己的實際情況。如自己為什麼不能去、什麼時候有時間等內容，這樣一來不但可以婉轉謝絕老闆的「邀請」，還能夠因為自己實話實說而贏得老闆的信任。可謂是一箭雙鵰之計。

投之以桃，報之以李

要明白，老闆之所以把這些繁雜的事情交給你去辦，一多半的原因是基於對你的信任。因此，在婉轉拒絕老闆的要求之後，你是不是也應該有所表示？

當你自己不能夠親自去完成老闆交給的「任務」時，那麼就給他找一個真正所需的幫手。這會讓老闆覺得你依舊是在熱心幫他的忙，只是因為一時間抽不開身才不能親自上陣。幫老闆找一個可以求助的對象，遠遠勝過你自以為是的解釋。

又或者，你可以選擇好言相勸，讓老闆最終放棄這個對自己和對別人都沒有好處的選擇。老闆不但不會記恨你，相反還會把你當做真正的朋友去看待。

很多事情的取捨，往往都只在一兩句話之間。其實，職場之中沒有所謂的分內和分外之分。做好自己的分內事，在工作之外，盡自己的最大能力去幫助身邊的朋友們，你收穫的將不僅僅只是工作能力上的提升。

親兄弟，明算帳——拒絕同事之間的借貸

有句老話叫「親是親，財是財，親兄弟明算帳。」無論是朋友、同事還是親屬和鄰居，一旦有借貸關係發生，從法律的角度來講，兩者之間就只存在著一種關係，那就是債權和債務的關係。只是在很多時候，我們往往會把情義放在第一位，從而忽略了借債還錢的道理，到頭來吃虧的只能是自己。

【案例追蹤】

趙倩和張小影在同一家廣告公司上班，兩個人在工作上是好同事、好搭檔，在生活中又是知心的好朋友。情同姐妹的兩個人，無論做什麼事情，趙倩都會和張小影一起出現。張小影自然也總是毫不猶豫答應下來，寧願犧牲自己的時間也要陪著趙倩逛街、購物。

某個休假日，張小影打電話給趙倩，說自己的部門在下週一要主持召開一個盛大的產品發布會，因此自己需要一條比較正式的長裙，所以要趙倩陪著她一起去逛商場。本來已經到了月底，趙倩本身又是一個月光族，所以現在她並不是很想去逛商場。不過，看在好姐妹的面子上，趙倩狠了狠心，還是拿起信用卡出門了。

在逛遍了這個城市的大小商場之後，她們兩個人不經意間走進了一家高級服裝店，商品上的價格標籤讓兩個人看到後就嚇得腿軟。很明顯，這裡並不是她們兩個人的經濟實力能夠消費得起的地方。

然而，櫥窗裡面一條紅色絲質長裙吸引了張小影目光。訓練有素的專櫃小姐一眼就看出了兩個人的需求，在她言語的誘導下，張小影很快就決定把這條長裙買下來。

趙倩悄悄把張小影拉到一邊，低聲說：「小影，你可想清楚了，這樣的裙子真的是你能夠消費起的嗎？」

張小影笑了一下，拍了拍趙倩的肩膀說：「我的好姐妹，我擔心什麼，即便我身上的錢不夠，不是還有你在這裡給我罩著嗎？」

趙倩剛開口想要說什麼，張小影就急忙走進了試衣間。不可否認，張小影穿上了那條裙子之後，確實顯得漂亮了許多。她自己也十分滿意，於是就拉著趙倩一起去櫃檯付帳。

不出意料，這條裙子的價格確實超出了張小影的能力範圍。當趙倩看到她楚楚可憐望向自己時，便明白了接下來將要發生的事情。她無奈拿出自己的信用卡，狠心透支了這個月的信用額度，替自己的好姐妹買下了這條裙子。

其實，趙倩不是不想幫朋友。長時間的接觸讓趙倩很明白張小影的為人，她是一個燒錢不眨眼的女孩子，連自己的錢都不在乎，更不要提跟朋友借的債了。可是趙倩是一個拿著固定薪水養活自己的低薪階層，如此不菲的消費著實讓她心疼了一把。

事情已經過去兩個多月，兩個人整天經常見面，可是張小影似乎已經完全把這件事情忘在腦後了。趙倩的心裡總像是卡著一塊什麼東西一樣，有苦卻說不出。

有一天，兩個人在電梯裡面相遇。趙倩決定鼓起勇氣說出自己的心裡話。「小影，怎麼也不見你穿那天我們一起買的那條裙子了呢？」趙倩先從旁敲側擊開始問起。

張小影眨了眨眼睛，若無其事說：「別提那件事了，裙子買回來我就穿了一次。我老公說不適合我的身材，我就直接把它當二手處理掉了。」

趙倩一時語塞，腦袋像是短路一般不知道應該說什麼好。直到電梯開門的聲音響起，她才明白，原來張小影根本沒把這件事情放在心上。自己的血汗錢想要回來，也幾乎不可能了。

【見招拆招】

其實，在生活中，誰也免不了向朋友開口借錢的事情。問題的關鍵是有借有還，才能維持自己的個人信譽。而我們在自己的經濟能力範圍之內幫助朋友，也是理所應當的一件事情。只是如碰到如同張小影一般的人，在借給她錢的時候，你一定要多加注意了，必須考慮到對方是不是能夠及時還債。若是不能，那麼你就要想辦法來拒絕對方的要求，同時還應該盡量做到減少傷害感情才是上策。

【拒絕竅門】

借錢容易還錢難。債務問題處理不好，不但讓你心中不爽，搞不好還傷了大家的和氣。對有些人來說，你的借貸不但在關鍵時刻幫助了他，而且還能夠很直接維繫了親情增進了友情。但是對於有些人，你的借貸就是得罪他的開始。

因此，往外借錢的時候一定要三思而後行。立下借貸字據是很有必要去做的一件事情，這樣既對你負責，同時也是對你們的友誼和親情負責。然而，依舊有很多非常規的借貸發生在你身邊，此時，我們應該怎麼樣去處理呢？

堅持救急不救窮的原則

誰家都有可能遇到急用錢的時候，作為好朋友，在有難的時候幫上一把，對方一定會非常感激你。可是，如果借錢的人僅僅是因為經濟上的貧窮，你就應該堅持「救急不救窮」的原則。畢竟，你的錢也是辛辛苦苦賺來的，對方貧窮一定有他個人方面的原因。授人以魚不如授人以漁，所以，此時的拒絕更是為對方的長遠而考慮。

長痛不如短痛，委婉拒絕是上策

如果你的朋友或者同事向你借錢的時候，你並不是很信任他或者對他將要從事的事情並不期待的話，最好在他借錢的時候直接婉轉拒絕。也許，這樣會傷害你們之間的感情。但是如此短痛總比你到時候要不回來錢的長痛要好很多。而且錢沒有借出去之前你完全掌握著主動權，借出去之後就是別人掌握主動權了，到時候被朋友罵不講義氣，錢還要不回來，這完全是給自己花錢找罪受。

表達自己的同情，用經濟實力的底牌拒絕借錢

對於無法正面回絕的問題，最好的方式就是採用迂迴戰術。你可以先對對方表情表示同情或者讚美，想辦法讓自己和對方在心理上拉近距離，然後再委婉表達出你自己的經濟實力也很不濟。如此一來，相信大多數人都能夠明白你話裡面的意思了。他們也就不會纏著你繼續借錢了。

一拖再拖，用「善意的謊言」編造拒絕術

對於沒有信譽的人，你本不想借給他錢，可是又受不了他的死纏爛打。那麼你不妨先答應下來，然後在借給對方錢的時候盡量採取一些拖延的戰術。等到一段時間之後，他再急著催你借錢給他的時候，你可以編造一些謊言，告訴對方你也碰到了緊急用錢的狀況，以其人之道還治其人之身。

當然，最後要記得向對方說聲抱歉，才能夠做到不傷和氣。

遇到朋友借錢，而自己又實在無力幫忙的情況，坦誠說明客觀情況，直接拒絕不失為一個好的方法。作為真正的朋友，他一定也會理解你目前所處的尷尬境地。這樣做不僅不會傷害彼此的感情，還能夠贏得對方的理解。這才是上全之策。

擺足官架子——拒絕不想收納的求職者

對大多數人來說，求職面試是很讓人緊張的經歷之一。在被選擇過程中的任一階段，求職者都可能被拒絕。當某人申請一個職位時，他實際上是在說：「我認為我適合這項工作，為什麼你們不錄用我？」初步面試就表明求職者明顯不符要求時，你的拒絕對其傷害可能較小。隨著選擇過程的深入，求職者會越緊張，你的拒絕之詞也就越難說出口。

在經歷過所有這一切後，僅被告知「你的條件與我們的需要不符」，這必將是一次痛苦的經歷。大多數企業都認識到了這一點。但是，告訴人們他們未被錄用常常是件很難的事情。

【案例追蹤】

李廣偉在一家網路公司的人事部門任職。隨著業務的擴展，公司需要招聘一個新的IT。因此，在人力資源部分和技術部門經過協商之後，李廣偉就開始執行徵人活動了。

隨著徵人資訊的發布，李廣偉的電子信箱很快就塞滿了各種各樣的求職履歷。初步篩選結束之後，李廣偉從一大堆的履歷之中挑出一些人員通知進行面試。

很快，所有面試的工作也都結束了。對於沒有通過第一關面試的人，李廣偉委婉表達了公司拒絕他們的意向。其實，李廣偉自己也是從一個應屆大學畢業生走過來的，所以很能夠理解求職者的心態。對於求職者來說，成功與不成功都希望招聘的公司能回覆。而對於招聘公司來說，要拒絕求職者更要注意一些技巧。如果直接說「你不符合我們的要求」聽起來有些刺耳，也容易讓求職者失去信心。因此拒絕的時候還要表明「雖然你不適合這個工作，但不表示你能力不行。」這些都是李廣偉在多年的職場生涯中總結出來的經驗之談。

然而，這一次，他卻碰到了一個相當棘手的問題。

隨著層層面試，有一位求職者非常吸引李廣偉的目光。他不但職業技能出眾，而且所要求的薪資完全在公司能夠接受的範圍之內。在和這位求職者面對面交談之後，李廣偉也明顯感受到了他渴望入職該公司的想法。再次與技術部門協商之後，李廣偉決定錄用這個人。

然而，計畫總是趕不上變化。一場經濟危機的到來，讓公司的業務縮水近一半，因此IT的職位空缺便沒有再招聘的必要了。所以，公司的主管告訴李廣偉讓他去通知當初的那位求職者不用來上班了。本來他已經和對方約定好了上班的時間和薪酬，就只差簽訂勞動契約這最後一步了。

該怎麼去拒絕這位求職者，李廣偉一時間慌了手腳。以前拒絕求職者，都是在面試初期，而等到這樣的緊要關頭才說出拒絕的話，肯定會對求職者造成很大的心理傷害。而且，由於李廣偉的公司位置略顯偏遠，那位求職者來來回回跑了多次，卻等來這麼一個結果，這讓李廣偉覺得很尷尬。為了避免當面談話時的尷尬，他決定用電子郵件的方法來告訴這位求職者他沒有被錄用的消息。

那封電子郵件是這樣寫的：

╳╳先生：

感謝您對╳╳公司的關注和支持！您於╳╳年╳╳月╳╳日參加了我公司就╳╳職位的面試，在過程中，您的專業知識和精神給我們留下了深刻的印象，但是非常遺憾，由於現有職位的臨時調整，我們很遺憾最終未能獲得與您共事的機會。

您的個人資料我們已經保存到人資部門中，如日後有合適機會會再次與您聯繫。

最後，希望您會有更好的發展，並祝生活愉快幸福！

這是李廣偉能夠想到的最委婉的說辭了，至於究竟結果如何，他便無從得知了。

【見招拆招】

每個企業都會有招聘新員工的機會，而每次招聘總是會淘汰掉一大批的求職者。作為公司的管理者，常常需要對求職者說「不」。這個時候，你就需要擺足自己的架勢，選擇最恰當的方法拒絕求職者的申請。

【拒絕竅門】

招聘過程需要嚴格按照流程走，在招聘過程中人力資源部最好保持中立的態度，然後根據用人部門的需求再確認對方方便的入職時間等資訊。從而，就可以避免很多不必要的麻煩。李廣偉的做法雖然欠妥當，可是最後那封拒絕的電子郵件，卻也充滿了人情味。那麼，需要招聘人才的時候，究竟應該怎麼樣去拒絕那些你不想招聘的人員求職者呢？

避重就輕，不要直接給他答案

求職者最關心的一個問題就是，我什麼時候能夠來上班。而你作為一個招聘人員，實際上只是負責選拔人才，究竟你面前的這個人是不是最適合的人選尚且沒有定論，所以就更沒有辦法直接回答他的問題了。這個時候，你可以選擇避重就輕的方法，不給他想要的答案。你可以這樣說：「我們會在面試結束之後通知你的。」或者「我們會在一週之內給你訊息。」給對方一種期待，往往比直接當面拒絕要好很多。

不過度讚美，以免造成落差感

很多時候，確實有優秀的人才出現在面試之中，只不過他並不一定就是你當時需要的人。此時，應該如何拒絕呢？

一個好的面試官，絕對不應該放棄任何一個優秀的人才。所以，這個時候你可以這樣去拒絕對方：「你很優秀，對這份工作也有自己獨到的見解。但是我們的用人計畫可能和你的求職目標稍有不同。不過，你可以把自己的履歷留在公司，以後我們有適合的職位再聯繫你。」如此就可以為公司保留下一份儲備人才，同時也不至於太傷害求職者的感情。

要注意一點，在這個過程中不要過度讚美求職者，以免給對方留下自己已經對這個工作十拿九穩的印象，從而會對其造成更大的心理傷害。

面對高薪求職者，應該堅守公司的原則

不排除很多有才能且正好符合公司需要的人在面試中脫穎而出，可是卻往往因為他對薪酬的需求過高而不得不讓你選擇放棄。這時，你更需要講究拒絕的策略了。你可以說：「很高興我們將有機會在同一家公司任職，我們所能提供的薪資相信已經是行業內的普遍水準了。不過，你要是在公司的工作業績出色的話，相信一定會有增加薪水的機會。」如果對方同意你的觀點，那麼你就能夠得到一張有力的王牌；如果對方不同意，雙方之間也必定會好聚好散，不會引起其他爭端。

其實，在面對求職者的時候，尤其是不適用的求職者，必須加以拒絕。只要你遵循以下幾點原則，就一定可以做到拒絕有術：

1．坦誠告訴對方結果；

2．明確告知對方拒絕的原因；

3．適當比較，讓其和其他優秀的人之間找出自己的差距所在；

4．盡可能避免爭論；如果對方情緒激動，應立即結束對話；
5．適度讚美，為今後的聯繫鋪路；
6．不妨直接告訴他不適合之處，既避免浪費時間，又有利於對方的成長。

別浪費我的生命——拒絕他人占用你的工作時間

拒絕的技巧是非常重要的職場溝通能力之一。只有自己最清楚自己的工作情況，你必須對自己負責，管理自己的時間與工作，不應讓別人胡亂占用你的工作時間，從而讓自己陷入忙亂的局面之中。

在決定該不該答應對方的要求時，應該先問問自己：「我想要做什麼？不想要做什麼？什麼對我才是最好的？」你必須考慮到，如果答應了對方的要求是否會影響既有的工作進度，而且因為你自己在工作上的拖延而影響到其他人？

【案例追蹤】

瑜苕是一個性格溫柔的女孩，在公司裡面很得同事們的歡心。她雖然人長得並不是很漂亮，但是大家在經過她辦公桌旁邊的時候，都喜歡有意無意和她聊上兩句。因此，無論走到什麼地方，她的身邊總是有幾個好朋友在一起說笑不停。起初，瑜苕以為這是大家對自己印象好才會這樣，可是後來隨著這種情況的延續，瑜苕越來越發現其對工作的危害性了。

瑜苕的這種性格，在朋友的概念上應該屬於「絕對稱職」的。可是，在工作上，正是她的性格害得她經常難以完成工作任務，最後總是會遭到主管的痛批。

最初，和同事們的聊天，也僅僅是限於吃飯和上廁所的時間，或者是不經意在走廊碰面之後打聲招呼。有時候，大家還會相約著在下班之後一起去逛街。後來，隨著彼此交往的深入，大家的聊天時間就變得很不固定了。即使是在上班時間，大家一有閒暇就會討論起下班之後去什麼地方逛街。有時候老闆會突然出現，瑜苕就只得措手不及裝作什麼事情都沒有發生。然後在通訊軟體上，幾個好姐妹已經在和她熱絡的發著即時訊息。這樣的討論，每一天都會有新鮮的話題。有時候，瑜苕明明知道自己的工作很忙，但是好姐妹們總是把她拉進聊天話題之中。

每到月底考核績效的時候，瑜苕總會發現自己的工作沒有按要求達到的任務，即便達到任務的工作，品質也不敢保證。而且她還發現，很多時候自己一旦陷入了聊天之中，就經常會出現不由自主的現象。上午的時間往往很快就過去了，瑜苕一邊感歎著又荒廢了一個上午的時間，一邊繼續和好姐妹們說個不停。

直到有一天，經理下達了命令。如果瑜苕這個月再完成不了該做的任務，她就只有捲鋪蓋走人了！

其實，瑜苕完全明白自己現在的處境。每當看到桌子上厚厚的文件時，瑜苕就知道自己必須好好工作了。可是，即便她給那些好姐妹們一些很明顯的暗示，她們依舊會「毫不留情」把自己加入到討論範圍之內。瑜苕又不好意思直接拒絕對方的「盛情」，因此只得在心裡面盤算著繁重的工作該怎麼樣處理，在口頭上還得耐著性子和對方聊天。

因此，她常常陷入十分無奈的狀態中。

【見招拆招】

能夠和別人成為聊得來的好朋友，本來是一件好事情，瑜茗也是十分看重和同事們之間的情誼，因此才會在別人「主動送上門」的時候，不知道應該怎麼樣去拒絕。最後，瑜茗的選擇卻直接導致她自己陷入焦慮情緒之中。

學會拒絕是你能夠幫助自己脫離這個困境的唯一方法！因為這個「拒絕」不僅可以降低你的焦慮，釋放你的壓力，並且還確保了你有足夠的時間來做那些真正重要的事情。

【拒絕竅門】

和同事談天說地不是不可以，只是需要選擇對的時機和地點。如果把工作的時間濫用在一些無聊的瞎扯八卦上面，那麼你不但浪費了公司為你提供的薪水，更浪費了自己寶貴的生命。想要拒絕他人占用你的工作時間其實很簡單，你只需要做到：

直接以工作為由拒絕對方

辦公室本來就是工作的地方，所以當你用工作來當擋箭牌的時候，絕對是屢試不爽的良藥。你只需要說：「不好意思，我目前手上工作很多要先完成。」這不是你向對方示弱的時候，所以一定要用堅決的語氣去面對對方，同時又不能失去無奈和同情的味道，這樣一來可以為自己增加不少的分數。

如果不得不解釋原因，你可以說這跟你的時間計畫不符，然後便轉移話題。大部分通情達理的人都會接受這個答案，如果有人繼續逼你，那樣做就是他們失禮了，你完全可以重複那句「我很抱歉，這確實不符合我的時間安排。」

迂迴曲折術，重新審查時間表，以確定自己真的沒有機會

如果對方執意要求你加入他們的談話，為了不傷害彼此之間的感情，你可以選擇一種迂迴曲折的方法，以達到自己的目的。面對對方的積極態勢，不要直截了當的拒絕，這很容易釀成彼此之間的誤解。此時，你可以這樣說：「讓我考慮一下，然後跟你聯絡。」適時給自己一個台階，然後假裝去查看時間表，以表明自己真的是在確認到底有沒有時間。

不能獨善其身的話，那就把自己融入一小部分吧

如果遇到了你真的很感興趣的話題，那麼不妨只把自己融入一小部分。你可以說：「我不能做這個，但我可以……」告訴對方你所能容忍的限度，或者提出一個可以解決該矛盾的方法，融入進去多少的決定權完全掌握在自己手中了。

要注意，自己是因為好人緣才會被同事們拉去。這雖然占用了你的工作時間，但他們也並不是故意要你無法完成任務從而在主管面前難堪，所以在拒絕的時候也一定要考慮到同事面子上的問題。真正做到完美拒絕，一定要注意：

1．堅定自己的觀點，但是應該先以禮相待；

2．給對方希望，不要把話說死。但同時又不能給對方太大的希望，否則希望越大，失望也就越大；

3．請記住，你不欠任何人的人情債。「這不符合我的時間安排」是最好的拒絕理由！

一天之中，工作的時間只有那麼幾個小時。這意味著無論你選擇承擔什麼，都要限制你辦其他事情的能力。所以，選擇清楚什麼是你該做的事情才是最重要的。忙裡偷閒只是一種偷懶的方式，真正達到讓你賴以生存作用的事物，永遠都不要讓它被無所謂的事情所取代！

超人不會飛——拒絕無法完成的任務

每個人的身體狀況不同，所以能夠承受的工作強度也不盡相同。當上司給你指派任務的時候，一定要首先弄清楚自己究竟能夠完成多大的工作量。不要盲目接收隨時分派下來的指令，否則你只會在一陣手忙腳亂之後，才發現其實你把這份工作做得一團糟。

【案例追蹤】

「沒問題，這件事情包在我身上了。」楚飛一拍胸脯，驕傲的說。

主管拍了拍楚飛的肩膀，說：「小夥子，好樣的。我就知道，這樣的任務只有你敢接，別人都沒有這個膽量。好好做，將來一定有大展宏圖的機會。」說完之後，主管微笑著離開了。

楚飛一個人在辦公室裡面，苦笑了一下。只有他自己知道，剛才那一番豪言壯語的背後，隱藏著多麼大的無奈和苦楚。

楚飛是一個愛面子的人。剛進公司的時候，他覺得自己處處不如人，因此在主管分派任務的時候，他總是搶著最棘手的問題去解決。別人唯恐躲都躲不及的任務，楚飛卻像是撿到了寶貝一樣，高興的把任務書放到自己的辦公桌上。他知道，要想在大城市裡面生存，就必須做出一些別人做不到的事情，只有這樣自己才能有一展長才的機會。

隨著時間的推移，楚飛漸漸憑藉自己的能力在公司站穩了腳跟。原因很簡單，他解決掉不少燙手山芋，因此才會得到主管的青睞。從此之後，一旦有別人解決不了的問題，主管第一個想到的就是楚飛，可是誰又能想到他為了完成這些任務而在人後所做的艱苦努力呢？

那時候，楚飛還是一個毛頭小子，憑著一股子衝勁，他在別人都下班回家之後獨自一個人在辦公室裡面加班。為了從客戶手裡收回約定的帳款，楚飛不知道說了多少好話，一雙嘴皮子都快要磨破了。只有付出才有回報，因此他能接副主管的位子不是沒有原因。

然而，結婚生子之後，楚飛漸漸感覺到體力不支。而且，自己還要留下足夠的時間陪老婆和孩子，又怎麼能夠把這些難以完成的任務當成家常便飯去處理呢？他常常苦笑說：「大家都以為我是超人，可是誰知道其實我這個超人並不會飛呢？」

因此，當主管一次次把任務書交到楚飛手裡面的時候，他也只能在口頭上硬著面子答應下來，之後再一臉無奈去加班完成。為此，妻子都和他吵過好幾次架了。可是楚飛又不能直接拒絕主管的要求，在他看來，只要自己不再接手那麼難以完成的任務，就證明了自己再也沒有利用價值了，那麼自己辛苦奮鬥來的職位一定會被他人搶走。男人，就應該對自己狠一點。所以，他依舊一次次把任務接下來。

然而，楚飛這樣拼命的日子，還能堅持多長時間呢？

他望著越來越黑的夜色，無助的哀歎著。

【見招拆招】

有一句古話話，「死要面子活受罪」。一點沒錯，為了所謂的「面子」而不去考慮自己的實際工作能力，盲目接受他人的工作要求，最後只會把自己弄得筋疲力盡。

如此一來，還不如從一開始就拒絕對方的要求，大膽承認自己的能力有限。誰也不是超人，所以誰都有完成不了的任務，相信不論是主管還是同事都能夠諒解這一點。只是如楚飛之類的人們往往自己不願意承認，結果卻是聰明反被聰明誤，為了一時的面子，最後必定會喪失家人的支持和主管的信賴。

【拒絕竅門】

其實，無論拒絕還是接受這些不可能完成的任務，大家的一致目標就是，讓這些難題能夠得到順利解決。選擇了接受，是因為我們知道在自己的能力範圍之內，可以很好的完成這項任務；選擇拒絕，是因為我們不想看到失敗，所以才會選擇急流勇退，從而讓能力更好的人接手任務。

不要以為拒絕就是證明自己的無能，這其實是你慧眼獨具的表現。

總之，想要拒絕上司指派給你難以完成的任務，必須把握住以下三點：

第一，提出自己充分的拒絕理由，讓對方相信你不是不想做，而是真的無能為力

首先設身處地表明自己對這項工作的重視，這是不至於引起主管反感的先發制人之策；然後再表明自己的遺憾，具體說明自己為什麼不能接受。只要把道理說通順了，相信沒有辦不成的事情。

第二，最不可取的，就是一味只知道拒絕

有時候，最危險的地方就是最安全的地方。儘管你拒絕的理由冠冕堂皇，但是上司也許仍堅持認為非你不行時，此時你若是再一味堅持拒絕，就顯得有些不知好歹了。這時，更多的推脫之詞反而會讓上司認為你是在敷衍了事，從而懷疑你的工作態度和能力，以致對你失去信任。在以後的工作中，有意無意的會使你失去更多的機會。所以，這麼做，完全是得不償失。

第三，最好能夠提出合理的方法，以表示你真的是對這件事情盡心了

對上司所交代的事，你不能接受但是又無法拒絕時，最好的辦法就是尋找出一條十全之策，從而讓問題能夠不經過你而得到解決。你可以與上司共商對策，或者說：「既然這樣，那麼過兩天，等我手頭的工作告一段落，就開始做。你看怎麼樣？」你也可以向上司推薦一位與自己的能力和資歷相當的人，同時表示自己一定會在對方處理問題的過程中盡量予以幫助和支持。如此，你不僅可以很好的拒絕上司的要求，而且可以進一步贏得上司的理解和信任。因為，你真的是在為這個公司考慮，而且還很有可能得到一個善於把機會讓給新人的美名，這可以說是一箭雙鵰的好方法。

通常情況下，人們對自己曾經提出的要求總是念念不忘。如果經過很長時間之後還是得不到回音，就會認為你不夠重視他的問題。反感、不滿等各種負面情緒便會由此而生。相反的，即使自身

不能滿足主管的要求，也要做出一些焦急的樣子，這樣可以很好堵住對方抱怨的那張嘴，更有甚者還會對你心存感激，主動撤回讓你為難的要求。你也就可以逍遙自在的下班回家了。

職場不需要大長今——拒絕辦公室的勾心鬥角

韓劇《大長今》地曾經掀起了收視高潮，劇中勾心鬥角的情節為眾多人所津津樂道。然而，有教授在接受電視台採訪時說：「《大長今》的歷史背景其實並不重要，重要的是《大長今》的故事更像一個白領在辦公室裡怎麼奮鬥、怎麼爭取勝利的故事。古代的宮廷其實有點像今天的辦公大樓。所以大家不斷講勵志片、青春勵志，勵志在哪裡？就是白領怎麼奮鬥！」

然而，即便你有長今宮女的奮鬥精神，也難免會在勾心鬥角的辦公室裡面遭受胡亂指責，並且還經常會背上一些莫名其妙的黑鍋。這就像是傳統戲劇的冤女竇娥一樣，當你覺得自己有冤無處訴的時候，應該怎麼辦呢？

【案例追蹤】

劉渺渺是一個應屆畢業生，因為剛剛踏入社會，對公司的一切都充滿了新鮮感和使命感。剛進入公司的時候，渺渺就像是劉姥姥進了大觀園一樣，無論看到誰，都覺得應該拿出自己的真誠和信任來認真對待。在公司裡面，對她最好的就是丁姐了。作為一個新人，在進公司的第一天，所有的業務都不熟練，只有丁姐一個人在她身邊給她講解各種業務的操作流程。因此，在渺渺心裡面，也把丁姐放在了最重要的位置上。

丁姐的熱情，讓剛剛走出校門踏上社會的渺渺感到難言的溫暖。

在渺渺入職公司不久，就到了年底的總評分時期。老闆也希望給渺渺一個表現的機會，好讓她在年終大會上得到表揚。因此，老闆把一場宣傳活動的總策劃的重任交給了渺渺。其實，這也是老闆設下的一個圈套。他真正的目的是想要看看渺渺的工作能力，以此來了解她的實力。渺渺儘管還算是新人，但在這節骨眼上自己當然盡心盡力。老闆的意思雖然沒有說明，但渺渺其實已經猜到了八九分。而且，這正是表現自己的絕佳時期，所以她對這次策劃活動特別用心。

之前，公司有什麼活動的時候，策劃人一般都由丁姐來擔當。因為丁姐在公司已經有些年資了，所以她在這方面的實戰經驗必定十分豐富。渺渺也沒有放棄這個機會，她覺得自己應該適當向丁姐討教一下，一方面顯得自己虛心，另一方面可以讓自己和丁姐的關係走得更近一點，何樂而不為呢？

在渺渺把自己精心做好的策劃案初稿拿給丁姐看的時候，她很是熱心幫渺渺修改了起來。並且，她還告訴渺渺，這是一個表現自己的絕佳機會，所以一定不能搞砸了。只是，當她看完渺渺的企劃書之後，眉頭皺了皺說：「渺渺，你的企劃書做得很不錯，但老闆其實是很保守的人，我想你在企劃書中提到的幾個觀點他可能接受不了。」渺渺一聽，心急了，急忙要請丁姐幫忙。丁姐就按照自己的思路幫渺渺重新制定了一份比較保守的策劃，並且最後還告訴她，這樣一來在執行時出問題的機率就比較小了。

渺渺對丁姐的熱心感動不已，她深深為自己在職場上能遇到這樣一位知心人而慶幸。

第二天，開會的時候老闆問渺渺企劃書做得怎麼樣了。渺渺滿懷信心把企劃書拿給老闆看，而老闆在隨便翻了幾頁之後，眉頭皺了皺，只是說了句「不錯」，然後就沒有下文了。這時候，丁姐站了出來，她說的話讓渺渺大吃一驚。

丁姐說：「老闆，渺渺的企劃書我也看過了，我覺得太過於保守。」隨後她說出了一連串新穎的想法，老闆則頻頻點頭。渺渺越聽越不對勁，怎麼這些想法和自己當初提出的觀點一模一樣呢？難道是丁姐她……想到這裡，渺渺頓時明白了整件事情的經過。

會議結束之前，渺渺聽到丁姐悄悄對老闆說：「薑還是老的辣，毛頭小女孩是做不出什麼成就的。」老闆會心笑了一下，這讓渺渺感到萬分寒心。

【見招拆招】

不論是在古代的宮廷之中，還是在現代的職場之中，勾心鬥角的事情總免不了。只要有利益關係存在，就一定會有人覬覦你手中的這塊肥肉。俗話說，君子不與小人鬥。但是，面善心惡的小人無處不在，往往明槍易躲暗箭難防，一不小心，就會中了圈套，最後你所有的工作成果都會被搶走，那時候，可就真的成了有冤無處申的「竇娥」了。

【拒絕竅門】

職場不需要大長今，或許你能夠用自己的真誠去感動別人，但是為此付出的代價並不是每個人都可以承擔得起的。所以，最好的辦法就是直接採取拒絕的方式，和勾心鬥角的人劃清彼此之間的界限。不要被善於偽裝的小人所欺騙，否則他會在背後狠狠殺你一記回馬槍，讓你防不勝防。

因此，我們需要做到：

辦公室生存不僅靠技能，更靠智慧

辦公室的環境是由人組成的，所以每一個個人的行為都難免會影響到其他人。因此，想要在這裡生存下去，個人的技能是基本條件。想在職場發光發熱，除了具備才華，更重要的還有性格、情商（EQ）、社交等許多看不見的能力。其實，真正決定你能否生存下來的條件是——智慧。

每個企業都存在著資源有限的難處，而且難免會有分配不均的問題。因此，員工之間的競爭就不足為奇了。

上班族應看清一個事實，在辦公室裡進行政治行為是常態，沒有政治活動才奇怪，那些閉上眼睛假裝沒有辦公室政治存在的人，無異於過馬路卻不看紅綠燈一樣危險。認清了這一點，才是為了保護自己能夠遠離危險而做的提前預防。

在你成就別人的時候，別人也成就了你

眾多白領面臨的一個難題是，要不要在辦公室弄出一個小團體。其實，這是把自己和其他人隔閡的徵兆。在辦公室，沒有永遠的朋友，也沒有永遠的敵人。只要你為公司、為團隊做出了貢獻，那麼你在這裡的分量也就會越重。而在獲得榮譽的時候，切記要分給為你提供過幫助的同事們一份。

如果你是一個職場新人，切莫在一開始就急於加入哪一個小團隊。一不小心踩了別人的地盤不

說，你還很有可能加入了錯誤的派系。一個好的建議是，跟每個同事都保持良好關係，盡量不要被貼上派系標籤。

勇於擔責任，但是不要背黑鍋

人非聖賢孰能無過！你的老闆比你更加清楚這一點，當你不小心犯了某些錯誤之後，一定要勇於承擔責任。這樣一來，不僅顯得你認錯態度非常好，而且更是一種負責任的表現。但承擔責任也要分清黑白，不能單純為了樹立起一個好的形象而替別人背黑鍋。這樣反倒會給老闆造成你替某人袒護的壞印象，實為不可取的下下策。

因此，拒絕辦公室的勾心鬥角並不是那麼容易的事情。很多時候，明哲保身也不失為最好的一種選擇。畢竟，對自身有利的事情才是好事情。

小心「披羊皮的狼」——拒絕辦公室的性侵擾

二〇〇二年三月，在一項調查中顯示，百分之七十一的女性表示曾經遭遇過性騷擾。二〇〇三年，一家女性調查中心的調查報告顯示，百分之八十四的女性遭受過不同形式的性騷擾，其中最大的受害群體為三十歲以下的未婚職業女性；百分之五十的性騷擾來自工作場所，其中百分之三十六來自上級。某報紙曾對商務中心白領的調查顯示，百分之八十五點七的女性曾被騷擾過，被騷擾者年齡絕大部分在三十五歲以下。而性騷擾最容易發生的地方，就是公車和辦公室。

【案例追蹤】

余姚是某公司總經理的祕書。在大多數人眼中，余姚有著很多女人羨慕的好身材，她不僅個子高挑、勻稱，而且人也長得漂亮。一身合適的職業裝被余姚穿起來，別有一番韻味。每次去逛商場的時候，銷售員總是會誇余姚的身材好，不管什麼樣的衣服被她穿起來，都會顯得特別好看。余姚走在大街上，回頭率也絕對不會很低的。

極富模特兒氣質的余姚，在總經理的眼中更像是一朵含苞待放的鮮花一般，他早對身邊的這位美女垂涎三尺了。只是苦於一直沒有機會表白，而余姚卻是一個作風極為正派的女子，所以總經理一直在苦苦尋求下手的機會。

當然，余姚也不是不明白總經理的意圖。只是現在工作本來就不好找，而且即便換到了別的公司，自己還是一樣會遭到上司的覬覦。為此，她都已經和三個男朋友分手了。不過，余姚一直堅信，只要自己不胡思亂想，任憑什麼樣的牛鬼蛇神都不能夠把自己怎麼樣的。

有一段時間，余姚覺得自己在和總經理說話的時候，他的眼光總是游移不定。剛開始，余姚還以為總經理有什麼心事，自己出於好心本來還想安慰他兩句。後來，余姚發現，其實總經理一直在盯著自己的胸部看，那感覺就像是被磁鐵吸住一般。余姚很生氣，可是又不敢很明顯的表露出來。她只得匆匆忙忙的給總經理做完報告，然後像是躲避瘟神一般趕緊離開了總經理的辦公室。後來，余姚再進去報告工作的時候，就會有意識的用資料夾擋在胸前，以圖遮蔽總經理色狼一般的目光。

直到有一次，她陪總經理到外地開會，已經累了一天的余姚本想回到旅館之後洗個澡好好睡覺，可是總經理偏偏要去她的房間裡面聽取工作彙報。余姚沒辦法，只好答應了。然而，余姚在彙報完之後，總經理卻遲遲不走。余姚一次次看錶，不斷示意總經理應該回去了，可是總經理卻裝作不懂，依舊死纏著她。

最後，余姚忍無可忍的說：「總經理，不好意思，我要洗澡睡覺了，你是不是也應該早早休息？」總經理暗笑了一聲說：「是的是的。我看，不如我就在你這裡洗吧。」剛說完，他就開始脫自己的上衣。然後，一轉身，就在余姚房間裡面開始洗澡。

余姚沒有想到總經理會做出如此魯莽的動作，她氣憤關上門，離開了自己的房間。當總經理披著浴巾從浴室出來的時候，驚訝發現自己的行李全都堆在了余姚的房間。原來，在總經理洗澡之時，余姚已經和服務員把她和總經理的房間交換了。

從此，總經理才明白自己的一番心思在余姚身上是不可能接受了。如果自己再不識相，余姚很有可能做出其他令自己難堪的事情。

【見招拆招】

你的辦公室裡面有「披羊皮的狼」嗎？當你晚上加班後，獨自一人回家時，有沒有注意到其實有人非要和你一路同行？當你在某些人面前經過的時候，有沒有注意到他們的眼睛其實並沒有盯在電腦螢幕上？甚至當你和某人一起處於大家的視線盲點時，他（她）竟然會對你動手動腳？

【拒絕竅門】

讓我們一起來大聲呼籲，拒絕辦公室的性騷擾，還給我們一個乾淨的辦公空間！

當你在辦公室遇到了「披羊皮的狼」，遭到同事的性騷擾時，應該怎麼做？是躲避、屈服，還是選擇反擊、報復？或許以下幾條拒絕法則更有技巧性。

修練平常心，拒絕成為別人的閒言碎語

類似於余姚的情況，當今社會中並不在少數。如果想要升職加薪，或者想要和上司維持好關係的時候，這難免會成為別人口中的話柄。只是，別人怎麼說都沒關係，自己一定要給自己樹立鮮明的立場。平時注意以平常心對待得失，不要過於急功近利，而讓自己成為了主動投懷送抱的形象。給自己樹立起正面形象，不要穿著過於暴露的服裝以及打扮太漂亮，和異性同事在一起的時候要注意保持合適的距離，盡量避免兩個人單獨待在別人看不到的地點。

要想杜絕性騷擾發生，應該先從自身做起，給自己的心理穿上厚厚的「盔甲」，才能保證自身的安全。

不要害羞，勇敢講出來

當你因為一次意外的疏忽，而給對手可乘之機的時候，此時的你不能有一絲的猶豫之情，馬上把自己的態度鮮明的告訴對方。態度要嚴肅，目光要堅定，以鄙夷的口氣大聲訓斥騷擾者。你的任務是告訴他現在做的事情是不對的，如果他依舊我行我素，那麼你越是大聲斥責，別人聽到的機會也就越大，從而，你獲救的希望也就越大。

如果你是單獨和上司的約會，卻害怕期間遇到了這種令自己尷尬的事情時，不妨在去之前先和自己的好朋友打聲招呼，讓其每隔一段時間就給自己打電話。這樣做一方面可以保證自己始終處於安全的狀態，另一方面是提醒對方不要亂來，否則朋友會在第一時間報警的。

假若你被騷擾，而無論你怎麼樣努力都逃不過對方的「魔爪」，當你準備訴諸法律，一定要事先注意收集證據，如錄下對方和你的談話或者影片、保存對方不懷好意的禮物，甚至你可以讓對方的家人知道這件事情，這樣你打的就是有準備的一場仗了。

遇到辦公室的「披羊皮的狼」，首先應該把自我防衛放在首位。很多性騷擾是帶有漸進性質的，因此你更加應該注重平時的言行和穿著。當你感覺到那種令人不安的眼神傳來的時候，不要躲避，勇敢抬起你的頭，用鄙夷的眼光回敬過去，用最鮮明的姿態告訴對方：你已經處在越線的邊緣了！若是再進一步，必將受到法律的嚴懲。

誰都不是大財主——拒絕下屬提出的額外加薪要求

「你要加薪了！」聽見這個好消息，員工一定很振奮；可是，作為老闆的你一定不會這麼想吧。是的，員工在公司裡面經過一定磨練之後，加薪是一定會被提報的。可是，真正令人頭疼的問題是，那些本身資歷還不夠的新人們在看到別被加薪的時候，心裡面總是有著太多的念頭想要訴說。當他們向你提出加薪請求的時候，你會怎麼做？

【案例追蹤】

這是一起真實事件。

經營豆腐店的李某和妻子在某中學附近，遭四名陌生歹徒持刀搶劫。他們夫妻二人本是經營小本生意，並沒有因為開店的原因而結下什麼仇人。那麼，到底是誰發起這次搶劫呢？經警方偵查，行凶的歹徒原來是豆腐店的曹廚師。

事情的經過是這樣的。李某和妻子從老家來到這區域打工，本身就沒有什麼技術的二人決定在學校旁邊開一家小豆腐店，做個小本生意，好存下一些錢來供自己的孩子上學。然而，因為李家豆腐店的生意從開店一來一直很不錯，所以為了擴大經營，李某就聘請了曹某作為本店的新廚師。人手增加了，生意自然也就更好做一些。再加上曹某本身的手藝相當不錯，因此這家不大的豆腐店時常是高朋滿座。

就在不久之前，曹某向李某提出了加薪的要求。他認為自己的薪酬比較低，而現在店裡生意好的大部分原因應該是自己的手藝。因此，在曹某看來，加薪應該是順理成章的事情。

可是曹某來店才不到兩個月，短短的試用期還沒有通過，就提出加薪的要求是顯得有些過分。本來已經想到要給曹某加薪的李某，在看到自己的廚師已經迫不及待想要多賺自己錢的時候，就有些不舒服的感覺。李某嚴詞拒絕了曹某的加薪要求，誰知卻因此惹來了一連串的禍端。

誰也沒有想到，曹某僅僅是因為加薪的要求被拒絕了，就因此而懷恨在心。「我不能多賺錢，也不會讓你多賺錢。」這樣的想法在曹某的心中開始滋生。後來，他找了自己幾個好兄弟，事先探路開始預謀搶劫。

某天晚上，當李某和妻子騎車準備回家，在經過中學的時候，幾個持刀的歹徒一擁而上將兩個人圍住，並且搶走了他們皮包裡面的三萬多塊現金。在整個搶劫過程中，李某的妻子還因為和歹徒爭奪而被刀砍傷。

後來，李某在第一時間報警，根據警方的勘察，發現這並不是一起隨機的搶劫案件，更像是有預謀、有計畫的活動。在逐個排除豆腐店員工的時候，警方發現了曹某的可疑性。後來又經過一個多月的盤查，終於把協同作案的吳某和林某一併逮捕。

故事到此結束，這雖然不是發生在職場中的事情，但是教育意義卻可以通用。當你的員工站在你面前提出加薪請求的時候，你會直接拒絕嗎？你有沒有想過，在拒絕了你的員工之後，隨之而來可能會出現的一連串惡果？

【見招拆招】

或許，你正為公司的利潤下滑而頭疼不已，所以當下屬在這個時機提出加薪請求的時候，你一定會在第一時間煩躁惱火。可是，靜下心來想一想，只有委婉拒絕才是萬全之策。既不能盲目答應，也不能一口回絕。

【拒絕竅門】

作為公司的一名領導者，當一名恪盡職守的下屬提出加薪請求的時候，你肯定會欣然答應，因為你雖然給他加薪，但是他所能帶給你的效益遠遠超過了你給他的加薪。而若是下屬向你提出額外的加薪要求時，你會怎麼辦呢？很明顯，他的要求和他現在的狀況並不相符，如何拒絕才能既不答應他的加薪要求，又不會損害員工的工作積極性呢？

首先，表明自己的態度，給對方吃一顆定心丸

不管對方如何花言巧語，也不要多去考慮自己的經濟狀況，不同意就是不同意，這是自己的基本立場。逃避或者拖延對方的要求，都不是明智的選擇。那樣只會讓你這個管理者看起來更像是戰場上的逃兵。實際上，如果你能夠根據當前的情況做出準確判斷，並且對未來公司的走向了然於胸的話，那就不妨直接拒絕對方。因為，你現在的拒絕只是在特殊情況下的特殊選擇。等公司的業績發展起來之後，給員工加薪的事情自然會被重新提報的。

此時，你可以說：「××，公司目前在不景氣的時候。你的成績我看在眼裡記在心裡，只是我現在真的沒有能力答應你的要求。如果你信任我的話，我們不妨一起努力，等過了這個低潮困境，我自然會給你加薪的。」相信沒有員工經得起老闆如此話語的誘惑，你的話不但答應了他的請求，更給了他許多奮鬥的希望。因為公司的壯大和他的努力密不可分，所以可以在短時間內化解你的危機的同時，還促進了公司進一步的發展。

其次，拒絕的時候，一定要充滿人情味

「加薪？公司今年業績不好，你也不是不知道。況且公司剛剛失去一個大客戶，我還不知道怎麼彌補損失呢，你還提加薪？現在連工作都不好找，就算減薪都有可能！」這樣的話，不論何時都不能直接說出來。

試想，員工好不容易鼓起勇氣向你提出了加薪的請求，你這一番批評反倒磨滅了他繼續在公司任職的信心，最後損失的肯定會是你自己。其實，拒絕不等於不近人情。即使要拒絕對方的要求，也應該巧妙而委婉的說。你可以根據對方的表現和公司的實際情況結合，最後再去婉轉否定對方的要求。

再次，給員工一個合理的理由

不論何時，你拒絕了自己的員工，都要給對方一個合理的理由。讓對方明白，你不是獨斷專行，也不是一時興起，你的拒絕有著邏輯嚴密的理由。只有這樣，才能讓員工真正做到心服口服。並且，事出有因，所以你的員工也一定會理解你的難處。

當然，你若是能夠細心聽聽員工加薪的理由，這對日後公司該如何發展和管理也必定是百利而無一害的。

而你實在不願意拒絕自己的優秀下屬，而同時又沒有能力去提升薪酬的話，不妨嘗試著把加薪換成是其他方式的獎勵。基本上可以緩解彼此之間的矛盾緊張程度，並且還能讓員工覺得，工作除了獲得金錢外，還會獲得更多有價值的東西。這不論是對員工，還是對公司，都是有著無窮盡的好處。

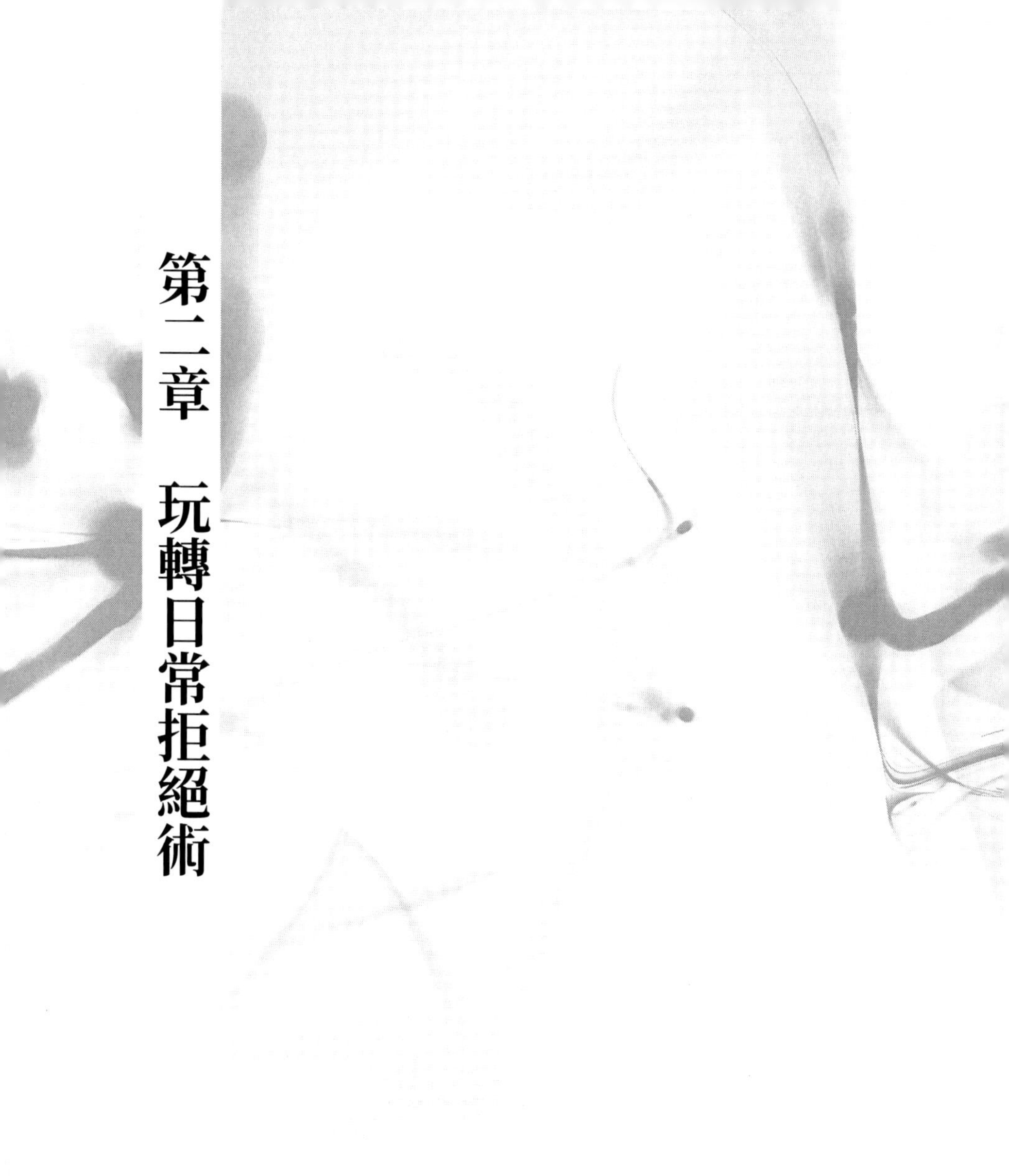

第二章　玩轉日常拒絕術

不做「垃圾桶」——拒絕成為無節制的傾訴對象

有人願意和你分享自己心情，那說明他把你當成了知心朋友。可是，往往很多時候，你的朋友會不分時間、場合，如同倒垃圾一般把自己的苦衷一股腦全都丟給了你。以至於你自己成了被迫接受消極情緒的一方，到頭來反而會搞得自己成為一個傾訴「垃圾桶」。

【案例追蹤】

艾玲並不是心理諮商師，可是在她身邊，總有各種各樣的朋友喜歡把自己的「隱私」說給她聽。艾玲總是耐心聽著對方訴說，時不時還會因為對方的遭遇而落下幾滴眼淚。其實，她只要安心做好一個傾聽者的本分就可以了，但是長期處於各種負面情緒困擾的艾玲終於受不了壓力了。

朋友之間的聊天，不外乎最近都有些什麼活動和見聞之類的話題。而艾玲卻成了公認的被傾訴者。一旦哪位好姐妹在感情上遭遇了挫折，她們都會把艾玲約出來，整整一個下午都在哭訴自己的不幸。其實，她們都知道，艾玲並不能幫她們解決所有的問題，只是她們需要傾訴，需要把身體裡面的負面情緒釋放出來。

如果說聊天的內容正常一點也就罷了，可是每每隨著話題的深入，艾玲就會逐漸發現一些自己沒有辦法控制的事情。就在前幾天，小貝還在向她說懷疑自己的老公在外面有外遇，而佩佩整天都向艾玲抱怨公司的待遇不好，劉珊珊則是哭哭啼啼告訴艾玲她又和一個男朋友分手了。艾玲從早晨一睜眼，就開始被別人這些雜七雜八的事情困擾著，以至於自己在工作的時候都無法把心思用在工作上。

不做「垃圾桶」——拒絕成為無節制的傾訴對象

每次聊天結束之後，艾玲的朋友們全都像是獲得了新生一般，她們的痛苦和委屈確實得到了發洩，而對於艾玲來說，本來好好的一個週末下午，卻被無緣無故籠罩上一層負能量的陰霾。

有時候艾玲也不得不感歎，「知心姐姐」可真不容易當啊！而她還從沒有意識到自己其實已經處於一種危機狀態之中了。

隨著時間的流逝，姐妹們曾經對艾玲說過的話對她產生了影響。每次見到上司時，她總會想起佩佩說的那些話，彷彿現在站在自己面前的這個男人是一條惡毒的狼一樣。見到劉珊珊的前男友，艾玲的心中則會事先樹起一條警戒線。有時候，忙完一天的工作回到家，艾玲還總是會懷疑老公有沒有背著自己在外面拈花惹草。

最近，艾玲不但在工作上頻繁失誤，而且連夫妻關係都開始變得緊張。直到有一天早上醒來的時候，看著陽光緩緩照在地板上，艾玲才恍然大悟，原來自己的正常生活已完全被打亂了。

到底是什麼環節出了問題呢？艾玲陷入了沉思。

【見招拆招】

從心理學的角度來說，艾玲已經完全被負面情緒催眠了。她並沒有覺察到，自己在傾聽別人的訴說時，諸多的負面、消極情緒逐漸滲透到了自己的生活之中。到頭來，自己不但無法幫朋友們解決問題，還讓自身陷入了悲觀情緒的影響。這種暗示越強烈，對艾玲自身的影響也就越大。此時的艾玲，就像是沒有蓋子的垃圾桶一樣，她已經成為了他人毫無節制的傾訴對象。

這樣的事情在我們身邊時常發生。當你的朋友們向你訴說自己的不幸時，完全是建立在對你信任的基礎之上。而我們又怎麼可能輕易回絕對方的訴說呢?不過,如果他們的話中全是消極思想的時,你就要小心了。因為這樣的談話會在不知不覺之間對你形成催眠效應,當你開始逐漸變得憂鬱,那就是這種不良傾訴所產生的後遺症。

【拒絕竅門】

你不妨直接告訴你的朋友:「我現在正忙,離不開。等有時間我們再好好聊,可以嗎?」或者,你可以採取更加委婉的拒絕方式,讓自己不再成為「垃圾桶」。

潔身自好,遠離負面情緒

憂鬱的情緒有時候就像是傳染病,他們會在你毫無抵抗力的時候侵入,將你完全擊垮。所以,最好的辦法就是逃離。如果一個帶有悲觀負面情緒的人在你面前反覆出現,並且還時不時和你說上幾句喪氣話,那你這一天的心情都不會太好。

因此,要學會對浪費時間又沒有實際作用的談話說「不」。以工作為由直接拒絕雖是不錯的選擇,但也會難免讓人覺得你不近人情。那就讓行動來說話吧。當你看到「那個人」走過來的時候,不妨低下頭裝作正忙於工作的樣子。如果他想要和你說話,你只需要隨口應答一聲,不要抬起頭來聚精會神去聽。這樣做會讓對方覺得你真的是沒有時間,他就會識相走開了。

打不贏，就躲！

有時候，你和對方會在走廊中不經意碰見。此時，即便你再假裝工作忙，也會迫不得已被對方拉住而海聊一通。這就像是打仗一樣，明知道自己打不贏，為什麼還偏要去送死呢？因此，當你遠遠看到對方過來的時候，可以嘗試著回頭或者繞其他的路走。或者，你可以拉住正好路過的其他朋友隨便閒扯兩句。相信那些只會向你訴說自己不幸的人，絕對不會在他人面前開口的。

左耳進，右耳出

作為朋友，時常躲著總不是辦法，而且即便你躲過了初一，也躲不過十五。當你被對方抓個正著而不得不去傾聽的時候，那就應該選擇左耳進右耳出的策略。要明白，對方也只是想要找一個人訴說，你完全可以把這當成是耳邊風去做。聽完之後，就要當做什麼事情也沒有發生過一樣。真正做到不把這樣的事情放在心上，才不會對自己產生其他影響。

不論在工作還是生活之中，我們其實時時刻刻都會受到他人不良情緒的影響。而真正需要我們做的就是，時刻讓自己保持一份好心情。不斷給自己積極的暗示，如「我很棒」、「我有一個幸福的家庭」等，這不禁可以幫你趕走消極暗示帶來的不良影響，而且還會幫助你在工作和生活之中重新樹立起信心，讓你學會不斷去尋找積極因素的所在，從而提升自己的原動力。

構建心靈防空洞——拒絕被打探隱私問題

與朋友坦誠相對，是一種值得讚頌的好品德。人需要交流，需要友情，但是這並等於說你需要把自己的所有祕密都和摯友分享。在人際交往中，很多人常常把自己的祕密毫不保留告訴對方，似乎他們認為不向對方完完全全說出自己的實情，就是不把其當成真朋友。

很顯然，這樣的觀點存在很大的錯誤傾向。當我們認識到這一點後，就要學會適當保留自己的祕密。然而，當遇到朋友們死纏爛打想打探自己的隱私問題時，我們應該怎麼做呢？

【案例追蹤】

王強是一個典型的職場白領。白天他出入於城市的各個高級辦公大樓之間，晚上下班回家則會和朋友們徘徊在夜店買醉。其實，王強本人有著屬於自己的一套消費觀念，他並不屬於浪蕩公子的範疇，之所以喜歡和朋友到夜店裡面去消磨時間其實有著更深層次的原因，這恐怕連他自己都沒有意識到。

和王強有過接觸的人都發現一個問題，在和王強吃飯的時候，他們之間往往很少談到工作上的事情，談話的主題一直停留在某個和他們不相干的人身上。換句話說，在整個吃飯過程中，王強一直都在千方百計想要打探第三者的隱私問題。出於朋友的關係，對方又不好意思直接拒絕他的問題，但如果把別人或者自己的隱私告訴了他。到底王強會不會嘴無遮攔，而把這些隱私告訴別人呢？誰也不敢肯定。

因此，許多曾和他關係不錯的人也都因此而紛紛避他遠去，他自己卻不反省，對別人的生活依然過度關注。

晚上下班之後，精神生活極度空虛大多數時間都徘徊在夜店之中的王強，想要探聽到一些隱私問題絕對不會是難事。王強像是得了強迫症一般，夜夜在這裡捕風捉影，每天晚上都希望能夠有一些收穫。

可是，別人的隱私對王強來說又有什麼用呢？

王強正在一步步陷入泥沼之中，只是他到現在還沒有察覺到問題的嚴重性。

像王強這種情況，也叫做窺視，是一種缺乏心理邊緣的表現。之所以他能「持之以恆」進行下去，是因為他從這種行為中獲得了某種心理滿足感。原因很簡單，正是因為一些朋友們在王強的面前心理不設防，總是毫無遮攔把自己的生活細節告訴他，從而滿足了他窺視的欲望，並且使得王強的窺視行為得到進一步強化。

如果王強的行為一直沒有得到拒絕，很有可能不斷延續下去。其實，他本身也在尋找可以拒絕自己的人，只是和他在一起的人恰恰都不懂得如何才能有效拒絕。唯一的結果就是，彼此之間朋友都沒得做，而且王強的病態也沒有得到好轉。

【見招拆招】

如果任由王強現在的狀態一直發展下去，不但對其個人來說會造成很大的不利影響，還會直接對社會上的其他人產生危害。最後不僅會導致傷害別人，而且還有可能造成眾叛親離的惡果。想讓這類人有改變的動機，需要外界適當給他們一點挫折、一點拒絕，讓他們的自我膨脹逐漸冷卻。而王強身邊的朋友們也需要學會拒絕，學會捍衛自己的正當權益。

【拒絕竅門】

所謂個人隱私，簡單說，指的就是一個人出於個人尊嚴和其他某些方面的考慮，因而不願意公開，不希望外人了解或是打聽的個人祕密、私事。在國際交往中，人們普遍講究尊重個人隱私，並且將尊重個人隱私與否，視為一個人在待人接物方面有沒有教養，能不能尊重和體諒交往對象的重要指標之一。

進而言之，在言談話語之中，對於凡涉及對方個人隱私的一切問題，都應該自覺、有意識予以迴避。千萬不要自以為是，將「關心他人比關心自己為重」這個做法濫施於人。甚而為了滿足自己的好奇心，不管對方如何反應，都依然故我。這樣做，極有可能會令對方極度不快，甚至還會因此損害雙方之間的關係。

然而，當你遇到對方如同「打破沙鍋問到底」般打探你的個人隱私的時候，你又應該如何去拒絕呢？

借用小智慧，巧妙化解語言危機

一些女士不喜歡別人打探自己的年齡問題，或者在遇到對方詢問你薪水等問題，而你卻不想直接回答的時候，你可以這麼說：「你看我的年齡有多大呢？」、「我的待遇其實和你們差不多。」這在一定程度上回答了對方的問題，滿足了對方部分的好奇心理，同時又可以避免洩露自己的隱私問題。

因此，當遇到熟人向你打探隱私的時候，你既不想回絕對方，因為這樣會顯得不留情面；又不想實話實說，因為這會讓你的隱私暴露無遺。此時，你拒絕的時候，可以把握住一些小竅門：

1　巧用反問句，把問題拋還給對方。如：「年齡問題很重要嗎？」

2　模糊回答對方的提問，只給出一個大概的範圍。如：「我老家住北部。」

3　拿自己和對方作比較，讓他自己去分析找答案。如：「我的薪水其實和你差不多。」

4　先進行自我否定，如：「關於結婚啊，我也不知道會是什麼時候，隨緣吧。」

自己對自己要嚴加管束

有時，為了尋求對方的幫助，就不得不先向其吐露自己的心聲。渴望訴說心事，是人之常情。傾吐的目的是為了趕走孤單，但是如果找錯了對象，就往往得到適得其反的效用。所以在沒有找到合適的人傾訴之前，自己一定要對自己嚴加管束。對於某種想法或者某件事情，當你認為需要保密的時候，要做到以下兩點：

1　自己首先要耐得住寂寞，不輕易向人吐露心聲；

2　當被別人問及的時候，要在第一時間想到婉轉謝絕對方的提問。

值得注意的是，當你拒絕朋友們的提問時，盡量不要用「無可奉告」、「暫時保密」等詞彙，這會讓你們之間的關係下降。避免過於直接的拒絕，巧妙把話說得婉轉柔和些，對方才可以接受你的回答，並且也會明白這些事情是你不想多說的內容，他也就會識相不再多提了。

你不是「小丑」——拒絕被亂開玩笑

喜劇泰斗卓別林說：「幽默是生活的好方法。」和朋友相處的時候，互相開一點小玩笑，本身就是一種調整氣氛的好方法。開玩笑的目的很簡單，也很單純，就是讓大家能開開心心在一起。但是，請注意，你們的玩笑有沒有開過頭。當你淪為眾人集體開玩笑的對象時，你有沒有覺得自己就像是一個小丑一樣，成為博君一笑的工具呢？

因此，在朋友聚會的時候，無論有多麼開心，都要拒絕讓自己成為被亂開玩笑的那個人。否則，你就只能做眾人眼中的小丑了。

【案例追蹤】

近日，羅英正在為一件事情懊惱不已。

羅英現在在一家外商任職。按照外商的慣例，每年的四月一日都要過愚人節。在這一天，任何人開任何玩笑都不會引起被開玩笑者的惱怒。羅英也被這種文化深深吸引著，甚至還有一些痴迷的趨勢。

有一天，她大學時代的同窗密友劉潔打電話給她，說想和大學的同學們好好聚會。畢竟大家都已經畢業十多年了，難得有機會聚在一起。這一次，恰逢劉潔從國外回來，所以羅英毫不猶豫就答應了下來，並且她還主動承擔起聯繫同學們的重要職責。

由於羅英在上學的時候還曾擔任過班長的職位，所以大多數同學們的聯繫方式她都保留著。羅英也確實為這件事情用了心，她一個一個把電話撥過去，以確定現在的老同學們都在什麼地方，以及他們趕過來聚會的時間。一番折騰下來，除了有兩位同學因為距離太遠無法參加之外，大多數的人都答應過來聚會。

於是，羅英和劉潔商定，本月的十二號晚上七點鐘，在市區的酒店舉辦老友聚會活動。之後，劉潔又把通知個人聚會時間和地點的重任交給了羅英。

然而羅英卻動起了小心思。她在通知了老同學們之後，突然想要給劉潔一個驚喜。想來想去，她決定要給劉潔發一條資訊。羅英寫道：「劉潔，原定十二號晚上的聚會有變動，確定時間之後再通知你。」本來，羅英還在這段文字斜面按下了一連串的空白鍵，後面寫上：「上當了吧！」而且還帶有一個大大的笑臉。

這條無傷大雅的惡作劇簡訊，卻讓劉潔最後沒有趕上這次聚會。

原來，劉潔收到資訊以後，她真的以為聚會的時間有變動。而且，那一連串的空格造成不得不翻頁才能看到下面內容的假象。劉潔越看越急，根本就沒有看到後面的幾個字。她隨後就安排了自己十二號晚上的其他行程。

當很多同學在飯店裡面齊聚的時候，羅英這才意識到自己發的簡訊可能引起了誤會。她急忙給劉潔打電話，沒想到對方正在和客戶談生意。本來一場好好的聚會，卻因為發起者沒有來而引起一陣誤會，羅英只好一一道歉。最後，這場聚會不歡而散。

而劉潔事後也匆忙趕過去，仍舊來不及見到老同學們。

【見招拆招】

一般喜歡開玩笑的人，本身並沒有什麼惡意。只是他們的有些做法欠妥當，才一時間引起大家的誤解。有些人心寬，能夠容忍這麼做；而有些人卻會糾結於這樣的玩笑所帶來的後果上，遲遲不肯原諒開玩笑的人。尤其是在這種玩笑發生在自己身上的時候，就必須堅定表明你的立場，告訴對方這樣的玩笑是開不得的。

只有真正拒絕被亂開玩笑，才能夠保持恰當的娛樂氛圍，而不傷彼此之間的和氣。

【拒絕竅門】

有些人在開玩笑的時候，不管對方情不情願，就會胡亂把其缺點或者一些重要的事情當成玩笑。如果你的朋友是這種人，即便你明知道他並沒有惡意，但總是被他愚弄的你，心中一定也累積了很多怨氣。當你覺得實在無法容忍這種行為的時候，你可以這樣做：

堅定自己的立場，表明自己不是一個隨便的人

自己首先應該懂得寬容他們的小玩笑，畢竟開玩笑有時是種潤滑劑，拿你開玩笑，你容忍一下，相當於低一低頭，適當的寬容能給他人留下好印象。但是，對人身攻擊的傷害言行則不能夠寬容。如果連你的尊嚴被傷害了，你都不表態，那就等於骨氣軟了、彎了腰。有人說人生就是背著裝著「尊

嚴」的筐行走，低頭能讓你避開障礙，但彎了腰，就等於背後的尊嚴掉在地上，失去了尊嚴的人是無法站立的。

有一句話說，人有時是可以低頭的，但不能彎腰。

善意提醒對方應該把握開玩笑的尺度

很多時候，開玩笑者也是在無意之中超過了常規的尺度。或者有心或者無意，總之他冒犯了你的尊嚴，或者是觸及到了你的隱私，這個時候你首先應該善意提醒對方注意一下開玩笑的尺度。你可以這麼說：「對不起，╳╳，我不習慣別人這麼說，你是不是能夠稍微留意用語，謝謝。」對於初次見面的人，這種委婉拒絕的方法最為適合。

而對於朋友來說，則沒有必要這麼正規。你可以選擇微笑看著你的朋友，直視他的眼睛，用「心靈之窗」告訴他這樣做是不對的。相信你的好朋友一定會收到這樣的拒絕信號之後，他也就適可而止了。

忍無可忍則無須再忍

被開玩笑的時候，也應該看看他們是在以一種什麼樣的態度在和你開玩笑。如果他們是惡意開你玩笑的話，你就不能再容忍了。此時，你要明顯表達出自己的不滿，不過不要跟他們大喊大叫，表情嚴肅告訴他們你不高興了，比如你可以說：「你覺得這樣很好玩嗎？」這樣的反問很有力度，往往可以使歡笑的場面頓時冷靜下來，使在場的每一個人都能夠冷靜思考自己的過失。

不過這種態度可不能常擺，如果有一點小玩笑你就臭臉給對方看，相信你的人際關係很快也就面臨著土崩瓦解的危機了。

而自己在開別人玩笑的時候，也要注意分寸。一個善於開玩笑的人，會看場合開玩笑，在社交中，你要讓人覺得你這個人是有幽默感，而不是粗俗庸俗的。要善於觀察環境，根據不同的人物性格和時間場合來確定自己的策略才是最明智的方式。

不摘帶刺的玫瑰——拒絕身邊的謊言

世界著名作家、俄羅斯的良心、諾貝爾文學獎得主索忍尼辛先生說：「不論是私人談話，還是有許多人在場，都絕對不說這樣的（假）話，自己不做，也不慫恿旁人，不鼓舞，不宣傳，不講解，不炫耀。」是的，誠信是做人的根本。不論是對同事還是對朋友，我們都應該以誠信為本。然而，是不是有人正在向你傳送一些「帶刺的玫瑰」呢？

【案例追蹤】

其實，讓很多人頭疼的並不是朋友之間的欺騙，這樣的事情發生了一次，相信沒有人會再讓它發生第二次。然而，倘若謊言出自你身邊的親人之口的話，你還能夠做到大義滅親嗎？

每個孩子都知道，在某些事情上做錯之後就會遭受懲罰。因此，為了避免家長的責備，他們往往會用編造謊言來遮蓋自己的過失。而年幼的他們卻意識不到，真正的罪行正是他們剛剛編織的謊話。即使這種謊言的目的只不過是，「如果說了謊，我就可以得到想要的」，這也是在為可怕的魔鬼鋪路。

董麗最近就因為自己的兒子說了謊話而煩惱不已。

她的兒子已經七歲了，眼看著到了上小學的年紀，可是調皮兒子的身上卻仍舊看不出一絲一毫的上進氣息。有一天，他在門外和朋友們一起踢足球，一不小心就把鄰居間的那扇有圖案的大玻璃窗給打碎了。巨大的響聲立刻讓董麗從屋子裡面跑了出來。

出於一個母親的本能，她先問兒子有沒有受傷，其後才意識到兒子可能闖下了大禍。

「誰做的？」董麗一臉嚴肅的問。

兒子的眼睛轉了轉，撅起嘴說：「反正不是我。」

董麗看了看站在四周的小朋友們，他們一個個早已經嚇得驚慌失措。於是，她起身安慰了幾個孩子一下，便吩咐他們回家了。之後，董麗把兒子帶到房間裡面，以一種從沒有過的神態，狡黠的說：「我的寶貝，我想我知道那是誰做的，可是那個人就是不說出來。」

兒子顯然沒有那麼容易上當。他竟然爬到了董麗的腿上，悄聲說：「媽媽，我們誰都不說，鄰居也就不會知道。而且，這也不是我做的啊！」

董麗有點生氣，她沒有想到兒子會對自己的行為矢口否認。小小年紀就學會了撒謊，以後還怎麼在學校建立個人誠信呢。董麗想到一個好方法。她說：「剛才，已經有人告訴我了，那扇玻璃就是你踢碎的。」

「好吧，我承認錯誤！」兒子乖乖的說了一句。很顯然，他並沒有察覺到董麗編造的謊話。

後來，董麗花了很長時間去教育兒子。她告訴兒子：「不管我們做什麼事情，都要勇於承認。我們苦心經營的一切，往往會因為一句謊話而毀於一旦。撒謊所換來的懲罰要比任何事情都要嚴重。」

兒子似懂非懂點了點頭。

董麗微笑著說：「那麼，媽媽告訴你一個祕密。其實媽媽剛才也撒謊了，根本沒有人告訴我是你踢碎了玻璃，我用謊話騙出了你的真心話。」

「那太不公平了。」兒子說，「媽媽，你也要接受懲罰。」

董麗點了點頭。她知道，以身作則比單純的說教更能達到直接作用。這天晚上，母子二人一起去鄰居家道了歉，並且接受了各自的小「懲罰」。

【見招拆招】

孩子有時難免會說謊，問題不在於如果他們說了謊該怎麼辦，而是在於說謊是否會成為他們可以擺脫懲罰的工具。如果他們說謊的時候我們不管教，他們就會認為說謊沒什麼大不了的。每當想到這樣的根源時，你就不能坐視不管，以致於讓謊言的種子在孩子的心裡生根發芽。

教育孩子是如此，對待朋友的時候，亦當如是。

【拒絕竅門】

任何情況下，說謊都是不對的行為。人始終是生活在一定的社會群體裡面的，因此在處理各種社會關係的時候，為了達到更好的效果，總是會不可避免的說一些違心的話語，也就是我們說的

「謊言」。

對待惡意的謊言，我們肯定是持批判的態度，而善意的謊言初衷都是好的，是希望將傷害降低到最小，但是善意的謊言如果用的不適當的話也容易造成很嚴重的後果。

說謊終究還是不對的，在生活中，我們應該講求誠信，以誠待人才是立人做事的根本。

那麼，遇到有人對你撒謊的時候，應該怎麼辦？

以身作則，樹立誠信的典範

先不要去管別人會不會撒謊，我們每一個人最起碼應該保證自己不會說謊話，做一個誠信的人，這是最應該時常提起的一句話。以身作則，用自身的正面形象去影響周遭的人。不論什麼時候，都要把實情告訴身邊的人，只有這樣，他們才會把實情告訴你。將心比心，才能從源頭上杜絕謊言。

保持冷靜，表明的你的立場

當你發現有人說謊的時候，應該先保持冷靜，避免自己大發脾氣。你可以委婉告訴對方，其實自己已經知道了事情的真相。如果他現在能夠以誠相對，那麼你們之間就還有商量的餘地，若是對方仍舊執迷不悟，你就應該堅定表明自己的立場，告訴對方你需要的是誠信的朋友，而不是只會花言巧語騙取自己信任的人。

承認錯誤，適當鼓勵

既然對方已經承認了自己的錯誤，你就沒有必要對其不理不睬了。適當採取一些鼓勵的措施，給予其讚許和表揚，可以增強其責任心，從而讓對方體會到誠實的可貴以及你對誠實人品的讚許。同時，還應該注意到，不要以自身的標準去評價對方的得失，或許在其能力範圍之內他已經做到最好了。過大的壓力往往會掩埋住真相。並且，要給對方恰當的解釋機會，不能僅僅因為一句看似不真實的話就否定一切可能性。

每個人都有平等的機會，這是建立真誠互信平台的基礎。

別坐「熱氣球」——拒絕不切實際的誇讚

誇讚別人並不是輕而易舉的事，所謂的「拍馬屁」、「阿諛」、「諂媚」，都是技藝笨拙的偽劣態度，因此它們不符合讚美和誇讚的標準。然而，不少人總是喜歡奉承。即使知道對方是在恭維自己，但心中還是免不了會沾沾自喜，這是人性的弱點。就像是不知不覺間坐上了熱氣球一樣，往往在被人捧上天的時候，就可能會摔得很慘。

【案例追蹤】

方方人長得漂亮，身材也好，因此每次去服裝店的時候都會被店裡面的服務員誇讚一番。然而，她最近一次去逛商場時，卻遇到一次尷尬的經歷。

原來，上週末她在逛街的時候，遇到了一家商店過度熱情的銷售服務。本來，方方只是路過此地，偶爾看到了店裡櫥窗的展示衣服。想想自己也並不趕時間，所以就決定進店去看看，當做是消磨時間了。

然而，在這家看似高品味的店裡面，方方卻遭遇到了過度熱情的對待。她剛一走進店面，一位服務員就很有禮貌向她打了聲招呼。方方對這種貼心服務早已經司空見慣，因此也沒覺得有什麼異常。可是，接下來當方方想要靜下心來好好欣賞一件衣服的時候，服務員就在她身邊開始喋喋不休了。

「小姐，您真是有眼光，這是我們店特有的長裙，相信你在整個城市都買不到第二件的。」

「小姐，您的身材這麼好，我想不管穿上什麼衣服，都能夠襯托出你的完美身材。」

剛開始，服務員說的也都是一些場面上的客套話。方方明白，雖然她們這麼說有著自賣自誇的嫌疑，但是面臨全球經濟不景氣，這麼做也是逼不得已要提升營業額的方式。可是接下來卻發生了一件令她到現在都不敢相信的事情。

一位身材肥碩的貴婦人走進了店裡面。她好似是看中了一款衣服，服務員自然對這一切了然於胸。於是，嘴巴從來不閒著的服務員就開始了推銷服務。「太太，這件衣服真的很適合您的身材。」本來衣服就是加大號的，服務員這麼一說，反倒讓那位太太略顯尷尬。此時，服務員卻沒有查覺到發生了什麼事情，還在自顧自推銷著商品。「太太，我想您要是穿上了這件衣服，一定會顯得非常苗條。您漂亮的身材會被這件衣服襯托的更加完美，你的身形和衣服的款式絕對相配，可以說是相得益彰。」

那位太太本來已經有意購買這款衣服了，可是聽完營業員的一番話，她拿起衣服的手卻又漸漸放了下來。彷彿只要她穿了這件衣服上街，就會更加凸顯自己身材的臃腫一樣。「我再看看吧。」貴婦人帶著不悅的表情離開了。

其實，這樣的銷售熱情，在稍稍過度的誇讚之下，只會透露出服務員不客觀的促銷動機，購物者或許會想，她們該不會為了賣出這件衣服，故意編造一些與事實不符的謊話吧？所以，「我」還是要再看看。

【見招拆招】

人際之間適當誇讚，可以讓自己在對方的心目中留下一個良好的印象。可是，當人們發現你言過其實時，常常因此而感到他們受到了愚弄。所以寧可不去誇讚，也不宜誇大奉承。誇讚別人首要的條件，是要有一份誠摯的心意及認真的態度。這才是真心實意的讚美，而不是虛假的阿諛奉承。

【拒絕竅門】

「良藥苦口利於病，忠言逆耳利於行。」人無完人，大部分的人都喜歡聽一些誇讚的話，以期從中尋找到更多的自信。然而，當對方在不顧實際情況而肆意的對你進行誇讚的時候，你可要小心了，在他滿面笑容的背後，一定隱藏著不可告人的陰謀，請記住口蜜腹劍這句成語。

因此，在面對過度誇讚的時候，你可以這樣做：

先要表達謝意

不管對方出於什麼樣的目的，他既然對你提出了讚美。因此，出於禮貌，你所做的第一件事情應該是先表達自己的謝意。當然，雖然你有可能並不贊同對方提出的觀點或者讚美方式，但是伸手不打笑臉人，如果我們直接拒絕了對方的讚美，反倒成了自己失禮。

你可以說：「謝謝你，雖然我知道我並沒有你說的那麼好，但還是真心謝謝你。」先禮後兵，這樣一來就會讓自己掌握輿論的主動權。

把事情委婉道出，善意提醒對方應該注重實際情況

過度的讚美總是容易讓人迷失自我。尤其是對於孩子們來說，過多和過度的讚美會讓孩子誤以為自己的言行能夠討爸媽的歡心。久而久之，孩子不管做什麼事情，都不是因為自己想做或喜歡做，而是因為這樣做能夠得到爸爸媽媽的表揚。這樣一來，孩子就特別在意別人對自己的關注和看法，時間長了，就失去了基本的辨別是非的能力。

因此，當你感受到對方的讚美已經超乎了實際情況的時候，就需要善意的提醒對方應該注意「幅度」的問題。你可以說：「雖然我為這件事情付出了很多努力，但是我想您的讚許遠比我的付出要多得多。」

一方面，我們要拒絕別人對自己的過度誇讚；另一方面，我們還要避免自己也陷入過度誇讚別人的思維之中。讚美是一門需要用心鑽研的藝術。把握好讚美的技巧，才能夠增強受讚美的人的自信心。

想要學會怎麼樣去讚美別人，就要做到以下三點：

1 對特殊的對象要把握好節奏。對於新人，或者是還未長大的孩童，應該在剛開始讚美多一點，然後慢慢減少。只有把握好了這樣的節奏，才能發揮讚美的作用。

2 切忌讚美過度。當對方取得一定成績的時候，不要吝嗇自己的讚美之詞，然而過度的讚美也是不適合的。讚美太誇張，將促使其產生驕傲自滿的心理。因此，讚美一定要適中，把握好輕重。

3 讚美要具有目的性和方向性。在讚美一個人的時候，要明確的傳遞出他究竟哪些方面做得好而得到了獎勵，以便其在以後的學習和工作之中能夠百尺竿頭更進一步。

不當參天大樹——拒絕成為他人的依靠對象

俗話說，大樹底下好乘涼。沒錯，這是針對乘涼的人來說的。可是大樹呢，它卻要獨自承擔起樹蔭的重任。面對著如火一般的驕陽，誰能想到它所受的那份苦難呢？因此，拒絕成為他人依靠的對象，不做參天大樹，讓自己活得更加輕鬆自由一些，才是生活的真諦。

【案例追蹤】

孫睿覺得自己的壓力實在太大了，他常常對朋友們訴苦說：「難道男人就不是人了嗎？」事情的緣由，還得從他童年和婚姻說起。

不當參天大樹——拒絕成為他人的依靠對象

男孩子小時候都喜歡看《西遊記》，看著火眼金睛的孫悟空打跑了無數個想要害人的妖精，心中別提有多痛快了。從那時開始，孫睿就把孫悟空當成了自己的偶像。在他幼小的心靈中，他認為男人就應該上天下地無所不能。

其實，不論你用什麼標準來區分，最後總是把世界上的所有人，歸結為男人和女人兩種。而且，幼時的傳統教育也正是更多展現男性的價值，因此，才為孫睿今天的現狀埋下了後果。

勤奮學習的孫睿從知名大學畢業，透過自己的努力進入了城市的高級辦公大樓。在面對困難的時候，永遠不會說不。所以，再難以完成的任務，孫睿都能夠憑藉著自己超越常人的努力而順利完成。

劉菲菲正是被孫睿身上的男人氣概打動了，她覺得有這樣一個男人做靠山，自己一輩子都是幸福、安全的。兩個人快速陷入了愛河，隨後便閃電般結了婚。

在事業上，男人必須撐起很大的一片天空，讓自己的女人和孩子，在這片天空下快樂幸福生活著；在人與人的交往中，男人必須很像男人，做這些不僅是為了一張虛榮的面子，更大的因素是為了父母家人妻子兒女。這是孫睿的男人格言。

然而，結婚不久，問題就發生了。忙於工作的孫睿自然沒有太多的時間去陪老婆，而劉菲菲又天生是那種依賴性極強的女人。只要孫睿在家，不管他這一天的工作有多麼辛苦，劉菲菲絕對不會下床半步，甚至連吃飯的時候都要老公把飯碗端到面前才行。剛開始，孫睿還寵著自己的新婚老婆。隨著時間的流逝，日漸疲勞的孫睿也開始覺得自己無法忍受劉菲菲小公主的脾氣了。

原本以為，有了孩子之後，老婆的習性會大大改觀。可是，孩子的出生卻讓孫睿更像是個無頭的蒼蠅一般，忙得一團糟。他每天上班回到家之後，先要給老婆煮飯煮菜，然後還要給孩子餵奶、換尿布、擦地、洗衣等等所有的家事全都是他一人包了下來。

有時候，孫睿跟劉菲菲生氣，他責怪老婆不會做家事。誰知，劉菲菲反口問道：「結婚的時候，你不是口口聲聲答應我這一切都是你包辦的嗎？你不是說要做我的參天大樹，讓我在你的樹蔭下乘涼嗎？」孫睿張了張嘴，一時間不知道應該說什麼好。

其實，這就是男人的可憐之處。男人也有自己內心的溫柔，也有自己想哭的時候，也有面對災難退縮的軟弱。但他們不敢、也不能這樣選擇自己。因為這條路是他們自己選擇的，別無他法。

【見招拆招】

研究證明，男人的壽命通常遠遠低於女性。尤其是在中年以後，男人的總體數量會遠遠低於女性的生存數量。這些現象與男人的後天培養密不可分。別把男人不當人，這是對女人說的話，也是對男人自己說的話。誰都不是鋼鐵之軀，我們沒有必要成為他人可以依靠的參天大樹。適當表達出你的無力和軟弱，才能平衡彼此之間的感情，才能使婚姻能夠持續長久。

【拒絕竅門】

誰才是駕駛你生命之舟的舵手呢？沒有別人，這個人就是你自己！

所以，每個人能夠在社會上生存下來，首先應該想到的是依靠自己，而不是親朋好友。用於乘涼的大樹總有枯萎的一天，而我們卻依舊必須靠自己的力量去成長為一棵能夠抵抗風雨的樹木。可是，並不是每一個人都有這樣的想法。當你正在逐漸成為他人想要依賴的參天大樹時，你會怎麼做？

是順其自然，還是忠言相勸？也許，你可以這樣做：

朋友有難，理應兩肋插刀

現在，擺在面前的唯一事實是，朋友確實處於困境之中，而你正好就是可以助其一臂之力的那個人。那就拋棄那麼毫無意義的理論說教，主動伸出你的援助之手吧。其他的事情都可以在事後解決，而當前要解決的問題就是如何幫朋友脫離困境。

之後，你需要向他聲明一點，你慷慨幫助他，這是因為你們是好朋友。但是，這並不等於你就是他的靠山。朋友有難，兩肋插刀是你的原則；而人要靠自己去奮鬥，也是你原則。明確的向朋友說明，你不想違背原則做事，希望他能夠理解你的苦心。

講述不為人知的背後故事

或許你的經濟狀況比他人好，或許你的社會地位高於他人，但是並不等於這一切都是你不勞而獲的。人們往往只是看到你光鮮的外表，卻鮮有人知道你背後奮鬥的辛酸。因此，在你幫助朋友脫離困境之後，當單純的說教達不到作用時，不妨把你隱藏起來的往事拿出來與之分享。一方面，可以用自己的勵志故事打動朋友的內心；另一方面，朋友可以從你的過往經歷中尋找到經驗教訓，以避免少走冤枉路。

一番談話之後，他自然也就明白了一個道理，那就是沒有人能隨隨便便就成功的。所以，你也就更加沒有必要去被動的成為那棵參天大樹了。

授人以魚不如授人以漁

一時脫離了困境，不代表永世不用再去受苦受難。既然你已經明確告訴了對方自己不會是他乘涼的那棵樹，那就設法讓他自己成長為一棵樹。授人以魚不如授人以漁，你可以引導並且教會他一些做事的方法和技巧，讓他嘗試著從零開始。如此一來，你教會他的是一輩子不會枯竭的技術，而不是暫時可以充饑的「大餅」。

事過境遷之後，面對工作、面對社會、面對人生……如果你的朋友明白事理，一定會感謝你的明智選擇。因為，未來的一切永遠都是需要自己去把握的，只有自己才是這次航行的掌舵人。

我的生活我做主——拒絕別人干涉自己的生活方式

每個人都有自己與眾不同的生活方式，選擇一種真正適合自己的生活方式，並且還要做到不受他人的干擾，向來就不是一件容易的事情。人是社會性動物，因此想要在社會中立足，就不得不或多或少被他人干涉著。你是否有勇氣說，我的生活我做主，拒絕他人干涉你自己的生活方式呢？

【案例追蹤】

朱莉今年二十五歲，剛結婚一年多的她現在卻正在考慮要和老公離婚。

朱莉和劉軍是大學同學，兩個人在一起相戀五年之後，終於走進了幸福的婚姻殿堂。在外人眼中，他們倆絕對是郎才女貌天生的一對。然而，在結婚之前，兩人之間就有著不可調解的矛盾。劉軍的脾氣有點暴躁，一遇到不順心的事情就容易發火，並且他的占有欲很強，很多時候就連自己的老婆也無法適應他這種性格。本來以為結婚之後，劉軍會在婚姻和家庭的壓力下逐漸走向成熟，抱著這樣的幻想，朱莉把自己嫁給了這場婚姻。

相戀的時候，為了去適應劉軍的性格，朱莉總是會在各個方面忍讓著。她覺得自己愛劉軍，就應該為之付出多一些。有人說婚姻是愛情的墳墓，朱莉不相信這樣的論調。她認為，即便自己的男朋友在結婚之後依舊惡習不改，但是肯定或多或少會有所收斂。而且，等兩個人有了孩子之後，劉軍更應該承擔起養家糊口的重任，難道他還會像無知的青年時代一樣莽撞？朱莉始終相信，未來一定是美好的。

然而，結婚才僅僅一年，朱莉就已經忍受不了這樣的婚姻了。無奈之下，她選擇了放手。婚後，朱莉的所有期望都沒有變成現實。劉軍依舊故我，並且因為工作越來越忙，應酬也就越來越多，由此卻造成了兩個人之間聚少離多的場面。每次劉軍半夜回到家，總是會用工作來當做託辭。即便偶爾兩個人週末一起待在家裡，朱莉也發現彼此共同的語言已經少之又少。從來不會體貼關心人的劉軍，讓朱莉完全體會不到婚姻中的溫情和浪漫。

更為嚴重的是，劉軍的自私和占有欲，直接限制了朱莉自己的生活方式。只要劉軍不在家，他就不允許妻子一個人出門玩。若是朱莉獨自一人歸來，必定要和劉軍之間展開一場口水戰。因此，朱莉除了上班之外，就再也沒有其他的娛樂活動了。有時候，朱莉和同事們聚會，劉軍也總是把在什麼地方、什麼時間、都有什麼人等問得一清二楚。更讓朱莉難堪的一次是，劉軍根據朱莉「彙報」的情況，突然出現在她們聚會的門外。這讓朱莉一時間不知道應該如何去處理這樣的場面。

在戀愛的時候，兩個人雖然經常見面，但必定還是有各自的私人空間。而婚姻卻讓朱莉僅有的一點自主生活方式蕩然無存。

朱莉覺得，自己若是再在這場婚姻裡面繼續下去，遲早會精神崩潰。她才二十五歲，朱莉認為自己不應該就這樣生活一輩子。她還年輕，還有去尋求自己喜歡的生活方式的資本，能夠改變的只有自己。

可是，朱莉一想到離婚，就又會有很多的顧慮和不捨。雖然按照自己的方式去生活，可以讓自己過更開心。辛辛苦苦經營了這麼多年的愛情，難道就應該輕易放棄？朱莉感覺很矛盾，徘徊在十字路口，她不知道應該往哪個方向前行。

【見招拆招】

其實，所有的命運都掌握在我們手中，我們的行為決定了自己的生活方式。每個人都有自己獨立自主的生活空間，我們也有權利做主自己的生活方式。

正如西哲所說：「世上沒有兩片完全相同的樹葉。」即便人與人如何相似，但在本質上卻還是完全不同。因而，誰也不可能讓別人取代了自己。別人眼裡的幸福不一定就是你的幸福，適合別人的生活方式不一定適合你。尋找自己的生活，才是快樂的根本和源泉。

【拒絕竅門】

尊重自己的理想是我們一生都在堅持的事，任何時候我們都絕不可能背離自己的意願，而去做違心的事情。人活著就要活出自我，生活是需要變化的，但卻更加需要真正屬於自己的情趣和格調。

究竟哪種生活方式是適合自己的？首先要自己了解自己究竟是怎樣的人，然後就應該朝著那個方向努力。當有人企圖他的生活方式來干涉你的生活自主權的時候，你應該這麼做：

先明白自己要什麼，再堅持自己的理想

還未決定選擇結婚或當父母時，先好好想一想自己適合哪一種生活方式吧。你享受戀愛的樂趣，可是你未必享受婚姻的樂趣；你享受婚姻的樂趣，可是你未必享受當父母的樂趣；你享受當父母的樂趣，可是你未必享柴米油鹽的樂趣……

通常大家決定選擇結婚或者當父母時，習慣以經濟作為唯一的考慮條件，而忽略個人的性格、心智方面的成熟及婚姻生活和作為父母需要承受的壓力。這是典型從眾的一種方式，可是它真的適合你嗎？

在還有能力自己去做決定的時候，先想想清楚自己到底想要什麼樣的生活方式。他人的看法或者已有的生活方式只代表他們個人，想要活出自己的風格，就要堅持自己的理想。而這一切的前提是，先明白自己要什麼。

「你說的方式真的很不錯，但是它可能不適合我」

很多情況下，我們在眾人的輿論壓力中，往往很難去選擇自己真正喜歡的方式生活。這其實和人們本身的性格缺陷有關，如果能夠堅強走下去，或許會看到人生的另一番風景。但如若走不下去，最後的結果只能是違心的成為他人生活方式的追隨者。

這個時候，你應該明白一點，父母或者朋友的出發點都是為了你好，其基本目的都是希望我們的生活能夠幸福美滿。因此，在拒絕的時候，你可以說：「╳╳，我知道你們是為了我好，但為我好就應該讓我去做自己真正想做的事情。或許你說的方式真的很不錯，可它可能並不適合我。」這一句話，雖然委婉，卻可以直接堵住對方的嘴。

任何時候，都要選擇適當聽取對方的意見

沒有人是完美的，在思考的過程中誰都會犯錯。因此，即便你拒絕了對方的提議，在追尋自己生活方式的過程之中也要適當聽取對方的意見。三個臭皮匠勝過一個諸葛亮！要牢記一點，對方的意見一定要主動的有選擇的去聽取。否則，你就又重新變成了對方意見的追隨者了。

不聽半夜電話──拒絕深夜來電

半夜打電話的不一定都是詐騙，也有可能是多年未見的難兄難弟想要和你一訴衷腸。不管是誰，深夜的手機來電對自己來說都不是一件愉快的事情。當你從被窩中朦朦朧朧爬起來時，心中一定在痛恨電話對方的那個人。所以，我們不要聽到半夜電話，要堅決抵制深夜的騷擾來電。

不聽半夜電話——拒絕深夜來電

【案例追蹤】

張超最近在去營業門市繳手機費的時候，被嚇了一跳。平常一個月只要幾百元話費的他，當月卻被扣去了兩千多元。不明就裡的張超請服務人員幫忙列印一張通話明細表，他仔細一看，一個熟悉的號碼瞬間躍進了自己的視線之內。

原來，最近總是有一些號碼在深夜的時候撥到張超的手機之上。而且，該號碼大多是一個陌生的區號。最令人覺得不解的是，這些號碼在撥過來電話之後總是響上一兩聲就自己掛斷了。剛開始，張超還以為這是自己哪位久不見面的朋友新換了號碼而給自己撥的電話，然而這其中暗藏的玄機他卻沒有看出來。

因為這樣的電話都是在半夜撥過來，工作一天的張超總會被這些無聊的騷擾聲吵醒。有一次，凌晨三點，已經熟睡的他手機突然響了一聲，張超擔心是朋友有急事，立即回撥給對方，接通之後電話裡先傳來一陣音樂，他以為是來電答鈴的音樂所以沒有在意，但過了一會，電話裡又傳來一段錄音：「尊敬的客戶您好，你的手機號碼已中獎……」張超立即掛斷電話，他知道，這是一個詐騙。然而，僅僅通話時間兩分多鐘，卻被扣掉將近百元的通話費。

所謂吃一塹長一智，在職場摸爬滾打多年的張超自然通曉這樣的道理。於是，在從營業門市出來之後，他下定了決心，以後在晚上睡覺的時候一定要關手機。張超自信說，這樣讓自己的睡眠品質更好了。

果然，張超和妻子兩個人都安安穩穩睡覺。

然而，另一個問題隨之而來。有一天晚上，公司的總設計師打電話給張超，讓他趕回公司做一個緊急的單子。因為客戶第二天就要把設計方案拿到手，所以總設計師才主動犧牲了自己的睡眠時間。當然，張超也是第一個被通知的人。

可是，那天晚上張超和妻子的手機都處於關機狀態。總設計師的電話始終沒有打進來，張超當然也就不可能知道這件緊急任務了。無奈之下，總設計師只好另謀人選，最後趕出來的設計方案也並不盡如人意。雖然張超並沒有受到處罰，但是總設計師對他的態度已經出現了相當大的轉變。張超也由接任務時的第一候選人，變成了乏人問津的「冷板凳」。

本來，設計公司的任務就沒有正常的時間點，有些公司會要求員工們全天二十四小時手機要開機。張超晚上關機雖然是被迫無奈的選擇，但卻也不大不小的觸犯了公司的條例，這讓他始終頭疼不已。

私底下，張超問一個同事，是不是他也遇到過相似的問題。同事深有同感點了點頭，但同時又無奈歎了口氣說：「能怎麼辦呢？這些半夜打電話的詐騙，真的把你我給害苦了。」

【見招拆招】

一些手機用戶夜晚被頻繁的手機未接來電困擾，一般情況下，鈴聲響一聲就會掛斷。回電後才發現，自己竟然莫名其妙打進了高額的付費電話，之後就是幾百元甚至更多通話費被扣除。這樣的手機陷阱無處不在，雖說我們防得了一時，可是關機只是治標不治本的辦法。

這種以未接來電的形式騙取手機用戶撥打電話的行為，已經涉嫌構成詐騙。因為手機使用者是在不了解內情的情況下撥打的，如果高額的付費電話從中所得的話費達到法律規定的詐騙條例，那麼這種行為就構成了詐騙。

【拒絕竅門】

因為現有制度不完善等條件的限制，我們往往就會很容易掉進此類陷阱之中。其實，想要拒絕半夜來電很容易，只需要你輕輕設置一下，就可以完全把深夜來電阻斷在千里之外了。

設置手機，讓陌生電話響不起來

把「響鈴方式」設為「關閉」。這樣做的目的是防止騷擾電話頻繁，鈴聲變成噪音，影響同事或家人。這時，最好將「震動提示」也關閉，畢竟震動多了，一來很耗電，二來手機放桌子上的話，震動也會產生噪音。如此，在半夜時分，有陌生電話打進來的時候，你也不會被突然響起的鈴聲驚醒了。

可是，把鈴聲和震動全關了，如果在熟睡狀態時，有重要電話打進來，就會漏接。這和關掉手機並沒有太大的區別，那下一步應該怎麼辦呢？

接著，在「通訊錄→號碼分組」裡，對通訊錄裡的號碼進行分組，設置不同的鈴聲。這樣親朋好友和客戶的來電就都能正常響起鈴聲，而不會漏接了！

設置客戶，陌生電話先用簡訊回

當然，也許可能有新客戶在半夜打電話詢問工作上的相關事宜，而該電話正好是一個陌生的號碼，漏接如此重要的電話，影響就非同一般了。不過也一定要注意，此時你在不明就裡的情況之下不要隨便回電。可以先發一條簡訊過去，詢問對方是誰以及有什麼事情，問清楚原因之後再回電。記住，你開口第一句話應該先道歉，以平息對方的怒火。

設置朋友，半夜談心莫貪心

還有一種情況，就是你的朋友可能遇到了什麼煩心事或者突然心血來潮要和你談心，此時的你既不能掛斷電話又不想影響自己的睡眠，那應該怎麼辦呢？

首先，要先向朋友表達自己的思念，或者對其遭遇表示深有同感。

其次，安慰或者鼓勵對方是必要的舉動，這麼做基本上會瞬間拉近彼此的距離。

再次，適當談心，但也要注意時間限制。這麼做，可以緩解朋友的心理不適的症狀。再次之，向對方說明自己正在睡覺，並且第二天還要上班。語氣要平緩，以免留下不近人情的印象。

最後，告訴對方要及時休息，並且許諾你會在第二天的下班時間準時把電話打過去，而且一定要兌現自己的諾言。

相信當你掛斷電話之後，朋友心中雖有不快，但亦能理解你的苦境。當第二天你準時把電話撥過去的時候，對方一定會為你的誠實守信而感動。此時，再繼續探討彼此之間的私事，不是可以更加暢所欲言嗎？

我的東西不借你——拒絕借東西不還

朋友之間，遇到困難的時候本應該兩肋插刀，盡自己所能去幫助對方。然而，我們的好心往往會被當成驢肝肺，當你自己平時十分珍惜的物品在借給他人之後，不但得不到他人的珍惜，甚至還一去不回的時候，下一次再有人和你借東西時，你還會那麼慷慨嗎？

【案例追蹤】

丹丹最近晚上臨睡覺之前，總是會向媽媽說，娜娜前兩天借自己的紅蠟筆還沒有還呢。

其實，林藍並不是一個小氣吝嗇的人，在教育子女這件事情上，她也從來沒有馬虎過。所以丹丹也絕對不會因為一支紅蠟筆的事情就和好朋友鬧翻，這背後肯定還有著其他的原因。想到這裡，林藍決定問清楚女兒到底發生了什麼事情。

「丹丹，你和媽媽說實話，娜娜為什麼不還紅蠟筆呢？」

丹丹撅起小嘴，不高興說：「上週在上圖畫課的時候，娜娜說我的紅蠟筆顏色很好看，她想要借去用。可是，直到現在她也沒有還給我。」

林藍知道丹丹對自己的蠟筆十分珍愛，於是只得耐著性子引導著孩子說：「丹丹，朋友之間應該大方，不要因為一點小事情就生氣而互相不說話了。也許娜娜忘記了呢？」

「才不是呢！」丹丹的回答嚇了林藍一跳。「每一次，娜娜都要借我的東西用，我都會毫不猶豫借給她。可是，娜娜要麼就是不還我，要麼在還給我的時候已經不能用了。」

林藍沒有想到事情背後的真正原因會是如此。她問女兒說：「丹丹，那你為什麼不直接向娜娜要呢？」

「我要了，可是娜娜不給。」丹丹委屈得想要哭。

「怎麼會這樣呢？娜娜怎麼說的？」林藍繼續追問。

丹丹說：「我向娜娜要的時候，她說為什麼我可以借給別人就不能借給她呢，是不是不把她當朋友。」

林藍明白了，原來女兒是害怕因為一支蠟筆而失去了一個朋友。在林藍的繼續追問下，她發現這樣的情況已經不止一次了。於是，林藍不禁想起了自身的經歷。

那是林藍還在上大學的時候的事情了。靠著暑期打工賺來的幾千元，愛好攝影的林藍買了一部數位相機。然而，她剛剛回到宿舍，室友小鳳就要借她的數位相機用。林藍心底有一百個不願意，可是出於和丹丹一樣的理由，最後她忍痛割愛而將相機借給了小鳳。

不是林藍不捨得自己的相機，而是小鳳從來不懂得珍惜他人的東西。記得大一放假的時候，路途比較遠的小鳳想要借林藍的行李箱。因為怕長途顛簸弄壞了自己的行李箱，林藍婉轉拒絕說自己要還用來裝衣服。可是小鳳卻把自己的行李箱放到林藍面前，非要用她自己的行李箱換林藍的行李箱。無奈之下，林藍只得答應了小鳳的請求。

開學之後，林藍用來存放衣服的小鳳的行李箱一直安安靜靜躺在宿舍裡面。可是，當小鳳回來的時候，林藍的行李箱已經破損不堪了。原以為小鳳會主動給自己道歉，林藍也沒有打算讓室友賠償。

可是沒有想到的是，小鳳扔下一句「你的行李箱品質太差了」之後，就再也沒有提過相關的話。

鑒於上一次的教訓，林藍這一次真的很想拒絕小鳳的要求。可是礙於同學之間的面子問題，林藍又說不出口。最後，只得看著小鳳拿著自己新買的數位相機大搖大擺出去玩了，只剩下自己一個人在宿舍提醒吊膽擔心著最壞的結果。

【見招拆招】

林藍和女兒丹丹遇到的問題實質是一樣的。她們都不知道應該怎麼樣去拒絕自己的朋友，甚至是自己討厭的人。直接拒絕害怕會傷害了彼此之間的友情；若是不加以拒絕，自己心裡面又有所不甘。因此，林藍需要做的就是，尋找到這種現象的原因，從源頭上遏制其滋生，教給自己和女兒真正的拒絕術。

【拒絕竅門】

當朋友借某件東西的時候，我們通常不會拒絕，一是礙於人情，二是不想給自己留下小氣吝嗇的壞名聲。可是，遇到的不達目的不罷休的討厭鬼時，你雖不情願但又無從拒絕他的要求。其實，從根本上來說最應該改變的正是我們自身。

應該分清楚朋友之間的利害關係

金錢和友誼之間的價值永遠沒有辦法劃等號，可是既然二者被擺在了天平之上，那麼你就必須去做一個了斷。害怕失去朋友，而把自己心愛的東西拱手相送，並不是健康的交友心態。

在朋友向你借心愛的事物時，你必須要事先聲明該物品對你的重要性，希望朋友在借走之後備加珍惜。如果朋友在歸還物品的時候，因為不加愛護而使其出現破損現象，那麼此時你就應該表達出應有的責備之情。「哎呀，你怎麼這麼不小心呢？這件東西我都捨不得這樣用的。」言外之意朋友應該很明顯就聽出來了。

朋友屢教不改的話，你可以選擇讓自己的物品「閉關」

有些人好面子，總是喜歡在朋友面前做出一些違背自己本心的事情。當朋友一次次向你借東西時，你雖然心中不願意，但口頭上又不好意思不答應，此時就要採取非常措施了。礙於面子你不想直接拒絕，那麼就讓我們珍愛的物品「閉關」吧。不在朋友面前炫耀自己的任何物品，他也就無從可借了。你可以回答說：「不好意思啊，我也沒有這件東西，如果你要急用的話，我可以陪你一起去買。」

萬不得已之時，直接拒絕是最有效的方法

朋友明知道你有這件物品，而你又恰恰不想借給已經屢次讓你生氣的他，可是他又死性不改。這時，你就需要直接拒絕他的要求了。「不好意思，我不能借給你。每一次，你都把我珍愛的東西弄得不成樣子，我想你可能根本就不珍惜我的物品，所以我不能借給你。」

如果朋友因為你珍愛自己的物品而生氣的話，那麼就是他不注重你們之間的友情了。把你當朋友的話，應該把你的東西當成自己的東西一樣愛護。所以，朋友如果翻臉，其實已經向你表明了他對這份友情的態度，你完全沒有必要去珍惜這份不必要的友情。

拒絕其實也是一種習慣。缺乏拒絕的經驗，不敢開口拒絕，就永遠走不出心理的陰影。俗話說，死要面子活受罪。認清這個道理，才能心安理得去拒絕他人來借你的東西，讓自己的東西永遠只跟著你。

掌握好生活的方向盤——拒絕頻繁聚會

「獨在異鄉為異客，每逢佳節倍思親。」在過節的時候大家都喜歡三五好友湊在一塊，大家一起熱鬧一下。尤其是對於在外漂泊的人們來說，過年過節無法回家的時候，必定需要同在異鄉的異客們聚在一起，互相傾訴思鄉的苦惱。可是，聚會一多，花錢多是小事，身體還會吃不消，若是酒後開車，就有更大的危險性了。所以，不論什麼時候，都要掌握好自己生活的方向盤，拒絕頻繁聚會。

【案例追蹤】

陳剛看了看手錶，已經是深夜十二點了。他端起桌子上的茶水喝了一口，然後去沖個澡，趴在床上就人事不醒了。

這已經是這星期第三次醉倒了，被鬧鐘吵醒的陳剛在心裡面計算著。

每次一到節前，陳剛總是要疲於應付各種名目的聚會。獨自一人在外地工作，過節的時候很難回到老家和家人團聚。在這個城市中，陳剛所能依靠的也只有一幫老同學和同事們了。大家平時都很忙，誰也沒有時間出來聚會見面。難得過節放假，大家都想輕鬆一下，再加上陳剛人緣好，所以總是被各種名目的聚會邀請。

每次回到家的時候，陳剛都是一身酒氣。第二天早晨醒來，則會頭疼欲裂，更嚴重的時候陳剛曾經在床上躺了整整一天也沒有恢復過來。有時候，看著冰箱裡的剩飯剩菜只有變廚餘的份，再看看自己一夜之間變得空癟的錢包，陳剛的心裡面總不是滋味。

這次，恰逢中秋節的三天假期。前兩天陳剛已經和老同學們聚了一次，又和以前公司的同事小聚了一回，不論哪一次，陳剛都不能草草應對。畢竟，在這座鋼筋水泥的叢林裡面，多一個朋友就可能多一份生存的機會。三天假期過去了兩天，陳剛則在酒桌和家之間閒晃了兩天。

昨天晚上的聚餐，陳剛更無法推辭。公司的老闆為了慰勞將士們的辛勞，特地在市區的一家酒店設宴款待公司的中層主管。陳剛在公司的職位並不高，難得老闆賞識他，才會邀請他參加這樣的聚會。席間，生蠔、鮑魚、海鮮等陳剛吃了一遍，同時他也替老闆擋下了不少敬酒。老闆連誇陳剛好樣的，可是誰又知道他的這些酒下肚時的苦澀呢？

散席之後，陳剛本想開車回家。自己喝了很多酒，害怕在路上發生交通事故，所以他才決定到酒店門口搭計程車。誰知剛上車，司機就大概知道陳剛的境況了，司機一邊開車一邊對陳剛說：「年輕人，聚會還是少參加為好。畢竟，身體才是本錢啊！」陳剛在座位上無奈的笑了笑，隨後便昏昏沉沉睡了過去。

今天早晨剛一醒來，陳剛又收到一則簡訊。這是同事小李發來的聚會邀請。陳剛是組負責人，中秋佳節，他手下的組員們非要請自己這個組長聚餐。陳剛一方面確實心疼自己的身體，另一方面

掌握好生活的方向盤——拒絕頻繁聚會

又不能直接拒絕，以免給組員們留下耍大牌的壞印象。陳剛一時間不知道怎麼辦才好。

小李的簡訊聲再一次響起時，陳剛在朦朧中回覆道「好的，不見不散！」

迎著早晨的陽光，他在溫暖的床上又重新沉沉睡去。

【見招拆招】

很多時候，我們往往疲於應對各種名目的聚會，卻最終忽略了自己身體的承受能力。直到身體出現警告的時候，才後悔自己當初的決定，那樣做豈不是為時已晚？掌握好自己生活的方向盤，別被別人的決定牽著鼻子走。自己的身體就好像是一輛車，只有真正懂得駕駛它的人，才會明白它的磨損程度和承受能力到底有多大。千萬別把自己的這輛車開到人多擁擠的塞車路上，否則一旦陷身其中，進退兩難。

【拒絕竅門】

不想獨自過節，但是又不想受到頻繁聚會的困擾，這已經成為了都市白領們在過年過節放假時的新難題。本來是放假的日子，但是卻因為過度的吃喝，從而造成眾多的「後遺症」。不是錢包縮水，就是腸胃不適，更有甚至還會影響正常的工作和生活。而這一切，都源於你不懂得拒絕的藝術。

面對邀請，盛情難卻，那就應該在宴會上理性飲酒

針對讓你沒有辦法拒絕的邀請時，在出席宴會時要學者理性飲酒。時刻以自己的身體承受能力為極限，超過這條警戒線，就要自己給自己亮紅燈了。既然沒有辦法拒絕邀請，那就拒絕席間各種各樣的敬酒吧。「我實在是不能再喝了，改天我專門請你吃飯一表敬意，好吧？」真誠向對方說明

自己的具體情況，相信大多數人都不會給你強行灌酒的。

省錢才是硬道理，參加自己承受能力範圍內的聚餐

在外打工，誰都不是凱子。所以，然而同事或者朋們聚會的時候，你又不得不參加，那麼就只好在聚會規模和頻率上進行限制。和你的朋友們協定好參加聚會的人數，不論是喝酒還是菜餚都以適量為主。一方面避免鋪張浪費，另一方面是要勸解大家適量為止。畢竟，都在一個城市裡面工作，總有再次聚會的時候，沒有必要非在這一次喝得爛醉如泥。

身體永遠是本錢，任何時候都要以自己的身體承受能力為準線

如果身體出現異常，再重要的聚會也得推辭掉。身體是革命的本錢，這是時刻不能忘記的一點準則。面對朋友的邀請，你應該以實情相告。「真是對不起，這兩天我的身體不舒服，所以晚上的聚會我就去不成了。」沒有人會讓你拖著病怏怏的身體參加聚會的，等你如此說過之後，真正有心的朋友還會專門來探望你。

試想，彼此之間坐在客廳裡面天南地北閒聊一通，不是遠勝於酒肉之間的猜拳喝令嗎！

自己管理好自己，掌握好生活的方向盤

很多時候，不是你不能拒絕，而是不願拒絕或者不懂拒絕。因此，要想掌握好自己的方向盤，就需要時刻提醒自己應該遠離這些不良的生活習慣。適當的時候可以採取關手機的策略來拒絕邀請，從而可以避免自己禁不住誘惑而再一次成為酒桌上的常客。

我不是萬能膠——拒絕朋友拿你當擋箭牌

你有沒有遇到過這樣的情況呢?當朋友不聽你的勸阻而去進行一件事情的時候，結果卻因為各種各樣的原因最終的結果卻差強人意。這個時候，朋友總是會把你當做救兵搬出來，不管三七二十一，你都會硬著頭皮幫忙。似乎你這一塊擋箭牌是鋼筋鐵骨一般，不管任何困難在你出手都能被收拾的乾乾淨淨。你如為此而煩惱著，那就應該想盡辦法讓自己跳出這樣一個無限循環的噩夢。

【案例追蹤】

胡斌有一個特別要好的哥們，名叫郭海。因為兩個人都沒有女朋友，所以在下班之後總是會在一起閒聊。郭海人比較老實，在聊天的過程之中，總是不怎麼愛說話。一般情況下，他都是在扮演著一個默默聆聽的角色，只有胡斌一個人在天南地北的說著。

兩人合租一間房子，所以在生活上就避免不了產生各種各樣的矛盾。胡斌天性開朗，喜歡帶朋友回家聚會，這總是讓郭海頭疼不已。不過，不善言辭的郭海卻是一個非常細心的人，他不像胡斌一樣大喇喇，因此很多時候都需要包容胡斌的「不拘小節」。

胡斌做事情總是三分鐘熱度。心血來潮想要養寵物的時候，就會馬上抱回來一隻小狗。但是一旦熱情消退之後，他就再也不會去照顧小狗的起居了。為了不使房子裡面出現髒亂的局面，郭海只好親自替胡斌擔當起「狗奴」的職責。

郭海覺得照顧小狗只是一件十分特殊的事情，他也算是熱心幫朋友的忙而已，所以就沒有過多計較。然而，這其實只是一個開始。後來的事情讓郭海越加無法忍受。做飯的時候，胡斌本就沒有什麼手藝，卻偏要下廚，結果糟蹋了一大堆的好食材，最後只能郭海親自去處理這樣的後果。

如果這還不算嚴重的話，胡斌曾經還把和女朋友分手的事情也怪罪到了郭海的頭上。當胡斌把女朋友帶回家過夜的時候，郭海卻成為了他們眼中最亮的燈泡。為了避嫌，這個晚上郭海卻成了無家可回的「流浪漢」。當第二天早上回到家時，只見客廳裡面已經被胡斌和女朋友搞的一片狼藉。郭海終於忍不住發火了，他質問胡斌：「這屋子是我們兩人住的，難道你就不能注意保持室內環境嗎？」

胡斌漫不經心的回答說：「兄弟，怎麼還和我這麼見外呢？我不打掃，不是還有你嗎？回頭哥們請你吃飯啊！」

郭海很生氣，不是因為胡斌沒有注意室內環境的衛生而生氣，而是因為他始終是把自己當成處理事情時的萬能膠看待而生氣。郭海覺得，自己不一定在意這些事情，但是自己也並不是胡斌的擋箭牌。可是，面對胡斌這樣的態度，他一時之間也不知道說什麼好。

終於有一天，兩人之間的矛盾被觸發了。

胡斌在一次酒醉之後，開著郭海剛買的一輛車出了車禍。肇事之後，在酒精的作用下，他竟然選擇了逃逸。直到兩天後員警找上門來，郭海才知道發生了的事情。當他氣急敗壞找到胡斌時，他卻說：「你就先替我頂一下，大不了就是罰一點錢，沒有什麼大不了的。我現在忙，離不開身。」

郭海這一次真的生氣了，他沒有想到胡斌會說出這麼不負責任的話。他盯著胡斌的眼睛，怒火中燒說：「胡斌，我只是你的朋友，並不是你用來處理麻煩事的黑鍋。如果你不去自首的話，我就會親自檢舉你。」

郭海說完，轉身離去了，只剩下胡斌自己獨留下一臉錯愕的表情不知如何是好。

【見招拆招】

其實，作為朋友，彼此之間互相幫忙不是不可。只是若超過了一定的限度，就容易引起彼此之間的爭吵和猜疑了。郭海不是不願意去替胡斌處理這些事情，只是胡斌太不把郭海當外人了，所以彼此之間才會產生誤解。朋友之間，多多少少應該留有一個限度，以確保各自獨立的生存空間。沒有人是「萬能膠」，也不要期望對方是「萬能膠」，所有人的能力和容忍都是有限度的，一旦超越了對方的底線，勢必會引來矛盾的惡化。

【拒絕竅門】

好的心態是處理好事情的基礎。所以不論什麼時候出現何種情況，我們的第一要務就是讓自己保持一份良好的心態。不過度去依賴他人，也不過度去包容對方的過錯，只有這樣才能和平共處。有了正確的心態，才能夠從一個正確的角度去尋找事情何以至此的原因。尤其是在面對突發事件的時候，若能夠做到多角度看問題，則完全可以避免胡斌和郭海兩人之間出現的尷尬情況。

先解決難題，才是當務之急

接下來要做的事情，就是要去學會如何避免這樣事情的再一次發生。

講道理的方式往往是在事情過後才應該進行的。所以，在面對已經發生的事情時，如果能夠讓自己保持一份冷靜，先把事情解決再去談其他的事情是最明智的選擇。此時，你自己發脾氣也必定會讓已經急火攻心的對方發出更大的火氣。所以，先解決難題，才是當務之急。

做出聲明，提出自己容忍的底線

當然，你替朋友解決了難題，並不等於說你做出了讓步。這個方面展現出了你確實真心實意的為朋友好，另一方面則為兩個人都做足了面子。等事情過後，你可以專門找個時間對朋友說出你所能容忍的最低限度，告訴他你不可能永遠都會去為他去擺平闖禍，一個人只有學著自己去負責，才算是真正擔起了責任。

友情提醒，以區分清楚彼此的責任所在

這並不是說要你和朋友之間劃出楚河漢界，而是需要明確告訴對方：「這其實應該是你自己的責任。」一來是要提醒朋友應該自己去把事情處理好，二來是要盡量做到你作為朋友的義務，幫助他不斷改正不正確的習慣。

若到萬不得已，則作魚死網破狀

這是誰都不願意看到的結果，然而若是遇到不通情理的朋友時，魚死網破卻是最好的解脫辦法。嚴詞聲明你的觀點，大聲告訴他：「我不是你的『保姆』，所以不用為你闖禍負任何責任。」也許，等到他失去你這個真朋友的時候，才會發現到自己的錯誤所在。他若是真把你當朋友，便會回頭向你道歉。如果根本不理解你的用意或者根本不在乎你這個朋友的話，那麼魚死網破又有什麼可遺

憾的呢？

其實，替朋友處理「身後事」本也在我們的職責之內，受點委屈、吃一點虧也不是不能接受，但是不能把吃虧當成一種習慣，最後把自己拋進了萬劫不復的陷阱之中，自己卻變成了叫天天不應叫地地不靈的墊背，那這可真的是一齣悲劇了。

誰都不是土豪——拒絕朋友的炫耀

總有一些朋友，喜歡在你面前炫耀自己。其實，他們也並沒有什麼不好，只是一味喜歡向別人展示自己的優點。或許這樣做，可以給一種優越感。但是，他們卻忽略了被動接受這種狀況的我們。對比之下，似乎我們自己全身上下並無一點資本可以拿出來炫耀，彼此之間必定會因此而產生嫌隙和隔閡。

【案例追蹤】

剛下海不久的王晌，最近卻因為一筆生意的失誤而賠了不少錢。自身的經驗不足，再加上存款也並沒有多少，所以這一次不大不小的損失對王晌繼續經商的積極性造成了很大的打擊。屋漏偏逢連夜雨，王晌的妻子也因為此事而和他鬧離婚，這可把平時機靈聰明的王晌難倒了。

為了給王晌鼓舞士氣，他的好哥們何偉決定把王晌和幾個要好的兄弟，大家在一起喝點酒，一來算是敘敘舊，二來也可以緩解一下王晌的鬱悶。

前來赴宴的朋友們都明白王晌的處境，所以吃飯的時候大家都盡量避免去談與事業有關的事情。剛開始的時候，幾位長時間不見的好兄弟們還只是在懷念過去的美好時光。可是，幾杯酒下肚，有人就憋不住勁，開始把話題引向令人尷尬的方向了。

其中有一位姓吳的朋友，他的年齡最大，所以大家都尊稱他為大哥。大哥說話，做小弟的哪裡有不聽的道理。幾個人聚在一塊的時候，有什麼難題總是會先請教大哥。這些年，大哥是最早經商的一位，而王晌辭去了公司的工作去經商，多多少少也有大哥慫恿的成分在裡面。所以在看到王晌遇到如此困境的時候，大哥忍不住嘮叨了起來。

「想當年，我也是一步一步艱難走過來的。王晌你現在的境況比我當年好多了，沒有什麼擔心，來，喝酒！」大哥端起酒杯一飲而盡。

隨後，大哥的話題就逐漸轉移到自己成功的事業之上了。他不厭其煩說著自己這些年的經歷如何輝煌、自己在商場上如何得心應手、自己開的公司每月都會有幾百萬進帳之類的事情，本來一個好好的兄弟敘舊會，完全變成了大哥自我的炫耀成就展覽會了。

期間，何偉好幾次善意提醒大哥應該注意一下自己說話的尺度，可是大哥似乎並沒有把這樣的事情放在心上。他擺擺手對何偉說：「我說這些話你們別不愛聽，我不是在炫耀自己的成就，若是王晌他好好努力，一定也會取得像我今天這樣的成就。」

大家心中都明白，正在春風得意的大哥根本就沒有把王晌的遭遇放在眼裡。當他連珠炮一般說出自己那麼多成就的時候，卻一點解決實際問題的辦法都沒有提出來。甚至大哥臉上得意的神情，讓在座的每一位看到之後心中都覺得不舒服。

王晌的情緒早已起了變化。一方面他不好意思直接拒絕大家的「說教」，另一方面這些話聽起來實在窩心，在大哥說話的時候，王晌的臉色都變得有些不正常。他一會去上廁所，一會又去洗臉，幾次找藉口想要離開，結果都沒有打斷大哥的侃侃而談。何偉的本意是要大家來鼓勵王晌並且給身處困境的兄弟幫助，可是現在王晌卻像是受難者一樣不知如何去處理眼前的困境。

聚會到了最後的時候，王晌仰頭灌下一杯啤酒，一句話沒有多說就悻悻的離去了。何偉隨後急忙追了過去，他對王晌說：「兄弟，大哥今天可能是多喝了一些，你可別放在心上啊。」

王晌憤憤的說：「大哥他會賺錢，但是也不必那麼神氣炫耀啊！」

何偉拍了拍他的肩膀，表示理解。其實多年前，何偉也遇過人生的低潮，風光的親戚在他面前炫耀著薪水和年終獎金時，那種感受，就如同把針一支支插在心裡一般，說有多難受就有多難受。

【見招拆招】

朋友們有時是無心炫耀但是卻弄巧成拙，有時卻又真的是存心為之。但是如王晌一般處境的人，又不能直接在大哥面前大發脾氣，該怎麼辦，卻是令人十分糾結的事情。對於這樣的朋友，你在自己心裡面一定要清楚，大家誰都不是土豪，因此誰也沒有必要去鄙視誰或者去羨慕誰。也許，經過你的一番努力，一樣可以做到十分優秀。只是，千萬別被眼前的炫耀之詞刺激到，否則將有可能因為言語的過失而失去一個好朋友。

【拒絕竅門】

生活中，有些人總喜歡在別人面前炫耀自己的得意之事，總以為這樣就會讓朋友崇拜自己，使別人敬佩自己，殊不知，別人並不願意聽你的得意之事。自我炫耀，效果反而適得其反。

在面對這種情況的時候，你可以這麼做：

拒絕光環，只求實際解題之道

「對不起，我知道你的成就來之不易，但是你現在能不能給我出一些點子，讓我擺脫困境，有一天也能夠像你一樣功成名就呢？」你可以對正在喋喋不休的朋友這樣說。在不損傷他的自尊心和積極性的前提下，委婉把自己的需求表達出來。朋友在聽到這樣的話之後，就會清楚意識到自己已經脫離了原先的主題，並且還會用自己既有的經驗去幫助你度過難關。

善用小動作，暗示你的拒絕之意

就像是上文案例中提到的王晌一樣，當你實在不願意繼續聽下去的時候，就要學著用一些小動作來表示自己的拒絕之意。當朋友還在侃侃而談的時候，你可以故意隔一段時間看看錶，以暗示對方自己接下來還有安排；或者可以不時和其他人耳語兩句，以分散對方的心思。當然如同王晌一樣，偶爾去上一次廁所，不禁可以避免讓自己繼續浸泡在無休止的炫耀之中，而在等你重新回來的時候，朋友的談話興致或許早已經降低，又或者已經有人把話題轉移了，如此一來你便可以倖免於難了。

自我封閉，採用兩耳不聞窗外事的方式巧拒絕

嘴巴長在別人身上，我們自己是管不住的。所以，如果不能命令對方停止，那就嘗試著把自己的耳朵關起來吧。你可以把自己的注意力放在其他事情上，如在餐桌上你可以專心吃飯喝酒，若是在家裡你可以讓電視機轉移自己的注意力。不管用什麼樣的方式，只要不被這位朋友牽著鼻子走，你也就不會受到他自我炫耀的侵害了。

畢竟，如此炫耀的朋友很多時候是出於無心之錯，所以我們也沒有必要為此而大動干戈，如此一來反倒會造成不愉快的結果。但倘若是有人故意為之，生氣永遠不是一個好方法，這反倒讓自己中了對方的圈套。此時，你大可以一走了之，獨剩下他自己一個人對著空氣炫耀吧。

第三章　男女之間「授受不親」

瓜田李下閒話多——拒絕曖昧的邀請

有時候，朋友之間表示親近的語言或者動作，會被旁人當成是曖昧的象徵；而有時候，對方曖昧的邀請，卻會被自己簡單當做了一種親近行為。不管怎麼說，曖昧的邀請總是會給自己惹來一片非議，而瓜田李下又正是閒話最多的地方，面對這樣的邀請，你敢勇於拒絕嗎？

【案例追蹤】

麗麗結婚了，同窗好友李靜直到昨天才見到麗麗的老公。作為久別重逢的朋友，當麗麗知道李靜出差來到自己的城市時，第一時間趕到了火車站去接李靜。然後，麗麗又主動邀請李靜到自己家去做客。面對新婚燕爾的好朋友的盛情，李靜自然沒有拒絕的道理。其實，她也想看看麗麗的老公到底長什麼模樣。結婚的時候，麗麗雖然邀請了李靜，但是因為剛好出國出差，李靜沒有出席，這一次一定要去找麗麗，以便彌補當時的遺憾。

來到麗麗家之後，李靜終於見到了麗麗的老公。他高大英俊，一眼看上去就給人十分穩重的感覺。並且，一桌子的好菜全是麗麗的老公親手做的，這讓李靜羨慕不已。麗麗的老公第一眼見到李靜的時候，對她的印象也特別好。他與李靜握手說：「你好，叫我大偉就好了。經常聽麗麗提到你，見到之後，沒有想到你這麼漂亮。」

李靜微笑了一下，突然，她感覺麗麗的老公握著自己的手時有一絲奇怪的感覺。抬頭看看大偉，他正在微笑著看著自己。李靜急忙在心中暗自責怪自己太多心了。

席間，大偉不停給李靜夾菜，反倒似乎把麗麗冷落在一邊了。麗麗對老公撒嬌，老公卻安慰她說李靜是客人，當然需要特殊對待了。其實，李靜知道麗麗並沒有其他心思。她只是單純在和老公撒嬌而已，只是這樣的場面讓她覺得多少有點尷尬。而且，她總感覺，大偉的眼光一直沒有離開過自己身上。

接下來，大偉不斷與李靜敬酒，腳下更是有意無意的從李靜的腳面掠過，雖然李靜心中早有戒備，但是在自己好朋友面前又不能有太多表露。

一直熬到快要十點的時候，李靜提出了離開的請求。麗麗自然是捨不得，可是李靜怎麼也沒有想到大偉竟然說：「歡迎你下一次再來。下一次來的時候，找個麗麗不在家的時候，我單獨給你做好吃的飯菜。」表面上看，大偉這些話是說給麗麗聽的，其實也就是老公和老婆之間的一些小情話之類。可是，在李靜轉身要離去的時候，她不經意間看到大偉向自己暗示要打電話過來。難道，他剛才說的那些話真的別有他意？

李靜一時間不知道怎麼辦才好。

【見招拆招】

李靜的感覺絕對不會是無中生有。一邊是自己最親近的朋友，另一邊卻要面對著另一個人的心懷鬼胎，不論自己怎麼做，都會傷及到雙方的感情。其實，婚姻並不只是一種形式，它更多的是需要彼此去承擔一定的責任。不論男女，在婚姻之中都必須把對方視為真愛，才能從根源上避免出軌現象的出現。所以，我們需要做到，不接受他人的曖昧邀請，更不會向他人發出曖昧邀請，以免那片瓜田李下的地方變成感情的變質。

【拒絕竅門】

在感情上，男女雙方如果都能同理心一下彼此的感受，不要讓愛你的人受到傷害，同時也不要嘗試著去傷害愛你的人和你愛的人，這樣才能讓一份感情永遠保鮮。感情需要原則，所以在面對已經失去準則的曖昧邀請時，就應該果斷予以拒絕。

請出自己的男（女）朋友當「救兵」

在收到某人的曖昧邀請時，直接拒絕會損傷雙方的面子，因此這時候你可以委婉告訴對方，其實你在接下來的時間還要和自己男（女）朋友約會，因此可能就沒有時間去赴他的約了。在你不經意說出其實自己已經有男（女）朋友之後，對方一般不會刻意強求你去做出軌的事情。

打到敵人內部去。

當對方已經非常清楚你沒有結婚或者有另一半的時候，面對如此曖昧的邀請，你可以想盡辦法和對方的另一半成為好朋友，在他或者她向你發出曖昧邀請，而你又不得不去赴約的時候，那就把對方的另一半一起帶去給自己坐鎮。相信此時，他或者她一定不會再和你胡來了，否則也就只有吃不了兜著走的份了。

面對你不喜歡的單身者，直接拒絕最有利

在面對一個單身者向你傳達曖昧的時候，你很明白對方的意圖，但是他（她）又不是你喜歡的類型時，就應該果斷拒絕對方。在感情之上，越是藕斷絲連，就越容易越陷越深。所以，當彼此發現真的不適合在一起的時候，最好是乾脆俐落直接拒絕，否則反而會對雙方造成的更深的傷害。因此，面對這種情況，直接拒絕不但可以讓你做到潔身自好，而且還是兩個人之間最好的選擇。

其實，在我們拒絕了對方的曖昧邀請之後，也應該時常反省一下自身。是不是自己的某些行為讓對方誤解了？是不是自己言語之間透露出了不該表達的資訊？在拒絕別人發過曖昧邀請的同時，我們更應該拒絕自己主動發出曖昧的信號。

只有這樣，才能做到好好愛一個人，好好珍惜身邊的感情。

愛情不是一個人的事——拒絕不喜歡的人對自己示愛

愛情，從來不是一個人就能決斷了的事情。兩個人相愛，不僅僅需要彼此之間互相滿意，在習俗的影響下，更需要雙方家長的同意。但與此恰恰相反，分手的時候，或許只要一個人死心了，就可以結束這樣一份煎熬的感情。因此，拒絕不喜歡的人對自己示愛，是為了避免這份感情走向失敗結局的預防措施。

【案例追蹤】

某一天午餐的時候，同事劉姐給琳琳介紹了一個男朋友。其實，琳琳並不算是大齡剩女，只是在劉姐看來，她一個人挺孤單的，於是就想給琳琳找個人作伴。琳琳沒有理由拒絕，只好答應了劉姐的盛情。

兩個人見面的時候，劉姐是陪著琳琳去的。男的叫羅傑，在一家電力公司上班，年齡和琳琳相近，在劉姐看來他們兩人真是天作的一對。男的有才又有財，女的有樣又有貌，似乎兩個人之間沒有不成的道理。不過，劉姐在離開之前，她還是小心對琳琳說：「我看你們倆挺好的，但是如果真的沒有感覺的話，還是早點說出來為好。」琳琳點頭稱是。

第一次見面，雙方的感覺都不錯。晚上回到家的時候，琳琳接到了羅傑的電話，羅傑在電話中說他很喜歡和琳琳在一起的感覺。其實，琳琳也並不討厭羅傑，只是兩個人剛一開始，她還沒有準備好進入熱戀的狀態。但隨著時間的推移，兩人約會的次數也越來越多，可是琳琳卻發現自己對羅傑根本不來電。只是無奈羅傑已經陷入了愛情裡了，每一天晚上他都會來電和琳琳談情說愛，週末更是會早早在樓下等著琳琳一起去看電影。

羅傑是一個陽光帥氣的男孩，琳琳也承認他確實很優秀，只是琳琳真的覺得兩個人在一起不合適。可是，兩人已經約會這麼長時間了，琳琳不知道應該怎麼樣去向羅傑說出自己的念頭。一方面，她害怕直接說出來之後會對羅傑造成極大的傷害，畢竟對方已經對自己付出了這麼多的感情，怎麼能說收回就收回呢？另一方面，琳琳又害怕錯過了羅傑之後，自己會找不到更好的，從此會真的變成大齡剩女。

在琳琳看來，感覺是愛情之中很重要的一件事情。雖然羅傑很好，而且自己和他在一起的時候也會很開心，但是總是缺少某種說不出來的感覺。而且一旦和羅傑分開後，琳琳又會不由自主想念羅傑。正是基於此原因，琳琳才一時間不知道怎麼辦才好。

後來，琳琳又和羅傑約會過幾次，兩個人的關係也依舊慢條斯理的發展著。羅傑的熱心總是會碰到琳琳冰冷的臉龐，這讓羅傑也感到兩個人之間似乎存在著什麼問題。後來，羅傑決定向琳琳求婚，以避免發生某些意外的事情。

面對羅傑的求婚，琳琳亂了陣腳。她找到了劉姐，在劉姐面前，琳琳把自己的真心話說了出來。「我不知道為什麼，每一次羅傑來電話的時候，我不想有任何回應。」琳琳無奈的說。

「那你是對羅傑沒有感覺了？」作為過來人，劉姐一句話道破。

琳琳點點頭，然後又搖搖頭。

劉姐說：「我明白你的處境了。其實，琳琳，兩個人在一起感覺才是最重要，如果你們現在就覺得彼此合不來，以後的生活也不會幸福的。該怎麼樣做選擇，還是得靠你自己。」

琳琳沒有從劉姐那裡得到明確的答案，而她自己也正處於迷茫之中，該何去何從，成了一個大難題。

【見招拆招】

愛情，不是一個人的事。

兩者之間必須都產生了情愫，才能結出一段美滿的婚姻。琳琳面臨的問題，相信很多人都遇到過。身在鋼筋水泥的大森林之中，想要遇到一個對自己好同時自己又十分滿意的人真是難上加難。如果要秉持寧缺毋濫的性格，恐怕最後永遠都找不到最好的。但同時自己又不甘心委屈了自己，最後無奈只得選擇拒絕這份還未成形的感情。

只是，在你斬釘截鐵說出「不合適」的時候，你想過其實自己已經傷害到了對方的感情嗎？

【拒絕竅門】

在愛情上，大家都曾經認真投入過。不論最後的結局怎麼樣，陷在熱戀中的人都有可能會做出瘋狂的舉動。可是，在瘋狂結束恢復理智之後，你的拒絕之詞會怎麼樣說出口呢？

「我們不適合」永遠是最經典的拒絕之詞

愛情，其實靠的就是一份感覺。不要把愛情和油鹽醬醋扯在一起，那是婚姻之後才需要考慮的內容。所以，單純給愛情一份感覺，才是你真正需要考慮的事情。「其實你很好，但是我想我們真的不適合。」這句經典之詞說出口的時候，已經最委婉表達出了自己的拒絕傾向。同時，也並沒有否定對方的優秀，只是兩個人在一起沒有太多的感覺，如此而已。

巧用比喻表心思

如果說第一種方法你還認為過於直白的話，那麼你可以選擇用比喻的方式來表達。你可以說：「我想我們就像天上的鳥和水裡的魚，你明白我的意思吧？」兩種完全不可能在一起的事物作比，對方自然就已經明白了你的意思。

尋找暫時緩解尷尬的藉口

還有一種情況，當你在和對方第一次約會之後，就已經明白其不是你要的對象時，那麼此時直接拒絕則是最有益雙方的一個選擇，從而可以避免兩人陷入難纏的感情糾葛之中。如果礙於朋友的面子，你可以把家人搬出來，如「我媽媽不允許我和╳╳地區以外的人結婚。」單是這個條件，他就已經被你拒之門外了。

或者，可以把自己的事業之心放在首位，你可以這樣說：「我想先做好我的事業，之後再談感情的事吧。」

巧把兩人關係降一度

面對對方的示愛，你既不想接受同時也不想彼此之間連朋友都沒得做，那麼最好的方法就是先給兩人之間的關係降溫。如「我們不是好朋友嗎？」這麼一問，對方自然就會明白其實你只是把他當成朋友關係而已。

如果對方依舊不打算就此放棄，那麼你就需要暫時轉移話題，順水推舟把責任歸咎到他的身上。你可以說：「你不要想太多了，好好回家睡覺，醒來就沒事了。」這句話是在直白告訴對方他想太多了，你的態度也就很明白表達了出來。

記住，唯一不可以做的是勉強答應對方的愛情，讓時間去證明一切這種愚蠢的決定，時間往往會讓一切變得更加複雜。而沉默對方的方式也同樣不是最好的拒絕之道，你不開口，在對方看來就是默認，這無疑也等於把自己逼上了絕路。

打不是親，罵不是愛——拒絕無意義的爭吵

有人說，打是親，罵是愛。在廚房裡面做飯，鍋碗難免一起碰碰撞撞的時候，兩個大人在一起過日子不吵架才怪！更有人提出說，要想結婚過日子，先要學會吵架。不論你的這份愛到底有多深，性格上的矛盾總會由不可調和的一點而觸發戰爭。那麼，怎麼樣做，才能拒絕彼此間在一些瑣碎小事上的無意義爭吵呢？

【案例追蹤】

「情人就像是兩塊都有稜角的石頭，戀愛的過程正是彼此互相磨合的階段。婚姻卻是要把兩塊已經磨合一段日子的兩塊石頭放到同一個瓶子裡面，因此怎能不發生磨擦呢？」

兩年前，當馬西即將變成一個新娘的時候，她的一位已經結過婚的閨密曾說過這樣一段大道理。不過，當時的馬西完全沉浸在了愛河之中，完全沒有把這些話聽進去。當時的她，怎麼也不會想到結婚才僅僅七年，當初那個口口聲聲說愛自己的對象，一回到家就會和自己因為一點雞毛蒜皮的小事而爭吵起來。

結婚之前，男朋友洛雷一直把馬西當成自己心肝寶貝，不管什麼事情，只要馬西提出了要求，洛雷一定在第一時間辦到。但是，這些表現也僅僅是限在婚前和婚後不久的一段日子之中。隨著時間的推移，洛雷當初的熱情也全都在油鹽醬醋的日常生活之中被磨平了。

馬西依舊改不掉結婚之前大小姐的脾氣，因此在看到上班回家的洛雷對自己不聞不問的時候，心中就會升起一股怒火。她故意撒嬌的撲到洛雷身邊，說：「老公，我好久沒有吃過火鍋了，今晚上我們出去吃火鍋吧。」洛雷卻把馬西從自己身上抱下來，淡淡說：「我累了，就想睡覺，改天再去吧。」說完，他就獨自一個人回臥室去了。

剛開始，馬西以為洛雷是想吃自己做的飯，她心中還一陣竊喜。第二天，在洛雷下班回到家的時候，馬西按照從網路錄抄下來的食譜做菜了，可是由於廚藝不精，做出的飯菜難吃，馬西自己都難以下嚥，而洛雷乾脆叫了外賣。

這下子，馬西的火氣上來了。她把手中的碗筷一摔，衝著洛雷吼道：「你愛吃不吃。我這些天招你惹你了，你一回家就給我板著臭臉。」說著說著，馬西就已經聲淚俱下了。洛雷本來想爭辯兩句，但是看到馬西痛哭流涕的樣子，他心中早就對一哭二鬧三上吊的把戲感到厭煩，於是搖搖頭出門去了。

馬西向朋友訴苦，朋友告訴她這可能是兩人之間的關係發展到了瓶頸，或許暫時分開一段時間對兩個人都有好處。恰巧這個時候，公司派馬西出差。兩個星期很快就過去了，當馬西興沖沖回到家時，發現洛雷並沒有自己預想的那般熱情，馬西的情緒隨之到了冰點。

從此之後，他們兩人之間總會時不時發生些爭吵。馬西責怪洛雷不夠重視自己；洛雷埋怨馬西太過於情緒化；馬西抱怨洛雷吃飯菜的口味太鹹；洛雷則數落馬西不會整理家事。總之，在生活中遇到一丁點的小事情，只要兩個人在意見上稍有分歧，就會引發一場毫無意義的爭吵。雖然爭吵過後。兩人的感情會有短時間的平靜，但隨著下一次爭吵很快到來，兩人的感情危機再次升級到紅色警戒。

「我們倆之間真的就應該這樣嗎？」這是在吵架的時候，馬西經常質問洛雷的一句話。可是，洛雷並沒有給過她滿意的答案，恐怕馬西自己也不知道這樣的問題究竟有沒有答案。

【見招拆招】

夫妻兩人，不僅性別不同，在性格、觀念、習慣等方面也多多少少存有差異。戀愛的時候，彼此還有機會掩飾各自的短處；等結了婚以後，朝夕相處中才發現大大小小的衝突是無法避免的。遇到爭吵的情況，你若是認為有了爭執就表示兩個人不適合在一起，這便是極端錯誤的想法。反之，若以為美滿的婚姻就是兩個人永遠不爭吵，所以在任何時候都極力避免衝突的發生，並且盡力以極度的容忍百般委曲求全，以維持表面上的和平狀態，這同樣也是不正常的現象。

其實，夫妻和情人間的吵架本來是一種常態，但依舊還是應該避免毫無意義的爭吵。因為一旦爭吵成為了一種習慣，兩個人的感情也必定會出現難以彌補的裂縫。

【拒絕竅門】

就像是馬西在結婚的時候朋友說的那一段話一樣，情人或者是夫妻之間，就像是兩塊充滿稜角的石頭，吵架在所難免。但同時，吵架也是一門藝術，有的夫妻之間，越吵關係就越甜蜜，其中的竅門何在？

吵架的時候，永遠不要自以為是

不管因為什麼事情而爭吵，自以為是往往是最根本的起源。不要自以為是，學著多去考慮多方的感受。在情人眼中，得理不饒人的心態是最要不得的，否則只會把對方逼到絕路上，從而做出偏激的舉動。

擺脫思維定勢（Thinking Set）

吵架的原因，往往不外乎各自所執的理念不同，而這正是思維定勢在作怪了。學會擺脫思維定勢，拒絕被父母或者朋友們的生活所影響，不要說「別人家的夫妻能夠這樣做為什麼你就不能之類」的話，遇到難題，最應該做的是找方法解決，而不是去埋怨某一個人。你這種毫無理由的對比，往往更容易激起另一個人的怨氣。

為各自的利益制定「協議書」，是保持理智的最好方法

兩個人在爭吵的時候，說氣話很容易出問題。所以，為了避免這種情況出現，兩人之間最好制定「停戰協議。」當發覺事態嚴重的時候，這樣的「停戰協議」可以讓你很快把思維拉回到理性的位置。其實，只要爭吵的某一方保持了理性，這樣的「戰爭」就永遠也不容易打起來。同時，這也等於是為維護雙方的利益做了一定的前提準備。

大部分夫妻，爭吵的時候都只在意對方的缺點。若是能夠把注意力放到對方的優點之上，你便會發現彼此之間還有許多需要珍惜的東西。專家們認為，夫妻雙方發生爭執並不一定是壞事，關鍵是你如何去處理。只要雙方能夠心平氣和坐下來，協商好避免今後再發生此類情況的對策，那麼這場爭吵就不會是毫無意義的拌嘴了。

為愛情打一副「金口罩」——拒絕把分手當成威脅工具

有人說，冬天不適合分手，因為冷，人與人之間需要牽手和擁抱。其實，很多時候，我們都需要一雙溫暖的手，互相取暖，互相鼓勵。為自己的愛情打一副「金口罩」，在寒冬到來的時候，才能夠為你們倆之間的愛情保暖。牽手才是愛情保鮮的第一招，拒絕把分手當成是威脅對方的工具，讓「執子之手，與子攜老」真正成為愛情的最終結局。

【案例追蹤】

江江和男朋友確立戀愛關係才僅僅二十多天，但是她卻主動提出了分手。剛剛陷入熱戀的一對幸福情侶，兩人的關係怎麼會突然之間一落千丈呢？

和男朋友的第一次約會，是在十二月一日，那一天，江江剛剛出差回來，男朋友到車站接送，現在回想起來，江江都沒有辦法遏制住臉上幸福的表情。其實，江江是一個很大氣的女孩，在愛情上從來沒有處於過被動的狀態。很多時候，都是她主動邀男友一起出來約會。在第一週的戀愛期間，雙方都對這份愛情都保持著自己的忠誠。江江問男友，他最不能容忍自己做什麼事情，男友想了想回答說是江江欺騙他。江江笑著說，那樣的情況根本不會發生的。

然而，江江本身的大女人主義，卻成了兩人關係的致命殺手。當兩個人意見不一致的時候，江江從來不會選擇忍讓，儘管有時候男友提出的方法看起來似乎更有道理，但江江卻認為如果男友不聽從她的決定就是對她不重視。甚至兩人在發生分歧的時候，江江會突然掛斷電話，任憑對方接二連三的打電話過來，江江就是不接。甚至有時候，江江則直接提出分手。其實，江江早已經不生氣了，這只是她沒有經過大腦脫口而出的氣話，但是她就是想要讓男友體會一下快要失去自己的感覺。然而，江江最終還是玩火自焚了。

平安夜的時候，男友邀江江一起出去玩。江江為了顯示自己的身價，拒絕了男友的邀請。當天晚上，江江和其他的朋友一起去夜店通宵。而在第二天早晨回家的時候，江江在門口意外發現等了自己一晚上的男友。

「你去做什麼了？」男友一臉嚴肅的問。

江江並沒有把這件事情放在心上，她滿臉輕鬆回答說：「和朋友去玩了。你有什麼事情嗎？」

男友話沒有多說，憤憤然離去了。江江認為他太過小氣，回到家之後，她竟然還在通訊軟體上面說了許多羞辱男友的話。最後，江江在網路留言說，如果對方受不了自己的脾氣秉性，大不了分手。本來，江江只是想要發洩一時的氣憤，她並沒有想到這麼做會有什麼樣的嚴重後果。本來期望男友會在第一時間打來電話向自己道歉，可是江江整整等了一天，手機沒有任何反應，江江隱隱約約感到問題似乎很嚴重。

當她拉下面子打電話給男友之後，最終卻後悔莫及。

「我們分手吧。」男友沉靜的說。

江江大吃一驚，這是他們從確定戀愛關係以來，江江第一次聽男友主動說起分手的。江江本以為男友在和自己開玩笑，可是等她火速趕到男友家的時候，才明白他早已下定決心。

「江江，我覺得愛情是兩個人心甘情願的事情，你不能一個人在愛情之中當主宰。分手在你看來，就像是隨口就可以說出的口頭禪一樣。因此，我認為你並不看重我們的感情，我覺得我們還是早早分開較好。」男友說起這些話的時候，平靜的語氣讓江江感覺透不過氣來。

那天，江江一直在跟男友說「對不起」，她只想聽到他說「好的」。可是，他最終還是對江江說「沒有轉圜的餘地了」。徒留下江江滿眼淚水，自食當初種下的惡果。

【見招拆招】

江江始終沒有弄清楚一點，雖然她有一個非常美好的願望，希望兩人可以過一輩子，但男友提出分手也有其合理性，最終的原因是江江太不把分手當一回事了。也許江江根本沒把這些事放在心上，但男友已經把「分手」沉澱在心裡了。慢慢累積了一段時間後，就使他再也無法忍受江江的任性脾氣了。

其實，在兩個人的愛情長跑之中，唯有彼此相惜相愛，才能走得更遠。若有一人不珍惜這份感情，那麼必定無法走進婚姻的殿堂。

【拒絕竅門】

拒絕把分手當成是威脅對方的藉口，一方面要拒絕自己把分手的話時時掛在嘴邊，另一方面還要拒絕對方動不動就提出分手。就像是相戀需要兩個人都同意一樣，其實分手也需要兩方面的核准，這不是一個人說了算的事情。

愛情需要兩個人的悉心創造和維護

問題重點是，愛情需要兩個人一條心，因此不管你說什麼或者做什麼，其實都是想要讓兩個人之間的感情更好。那麼，就和你的愛人好好珍惜現在的情感吧，莽撞提出分手，只會讓對方覺得你是一個任性且不尊重感情的人。如果給他或者她留下這樣的壞印象，試想，你們之間真正分手的日子還會遠嗎？

互相依戀是感情，完全依賴則會破壞感情

儘管依戀自己所喜歡的人，是愛情中的甜蜜所在，但如果把依戀當成依賴，就等於是完全走上了相反的方向。在愛情之中，學著保持自身的獨立性，只有這樣，在對方真正提出分手的時候，你才不會覺得自己失去了一切。對方把分手當做威脅你的理由，其實是對方在愛情之中強大控制欲的表現，因為你對他或她過於依賴，一方面讓其對這份感情產生了疲累感，另一方面又讓對方覺得你一旦失去了他或者她就會陷入困境。因此，對方提出分手的時候，若你始終保持自己的獨立性，就不用懼怕他或者她的威脅了，其用分手的話當做威脅也就毫無意義可言。

學會忍讓，讓愛情更加美滿

愛情，乃至是婚姻，都是在相互忍讓中度過大部分的光景。每個人都有或多或少的缺點，學著容忍對方的不足，更是愛的展現。如是僅僅因為看不慣對方的某種習慣而以分手相威脅，強迫對方改正的話，那只能說明你愛他或她還不夠深。俗話說，愛一個人，就應該愛他的全部。只有學會忍讓，才能讓愛情更加美滿。同理，對方也需要學會忍讓，他或者她必須明白改掉某些習慣是對你好。因此，在多年的痼疾無法一時戒除時，也不會盲目以分手來要脅你了。

學著拒絕輕易說分手，才能在跌跌撞撞的人生之路上經營好自己的愛情。風雨同舟，才會更顯得這份感情更加珍貴，才能把愛情磨礪出更燦爛的花朵。

性愛不是感情「黏合劑」——拒絕用性愛來維持愛情

愛情是什麼?有人說，愛情就像是從身邊輕聲飛過的微風一樣，想要捕捉，卻總是難以得手。於是，有些人放棄了對愛情的追求，而只是把感情放於性愛之上。彷彿性愛就是感情的黏合劑一樣，只要有了性愛，彼此之間就會產生愛情。也有人說，男人是用下半身思考的動物，性愛對他們來說是感情裡面的唯一。其實，我們需要拒絕的，正是把性愛當做維持愛情的工具。或許，等到白髮蒼蒼攜手走過深秋的小路時，才會明白真正的愛情不是性愛，而是兩個人惺惺相惜、相濡以沫的那份感動。

【案例追蹤】

法院審結了一起離奇敲詐案，該案件的訴訟雙方曾經是親密無間的情人，可是卻因為性愛的原因而最終走上了不歸路。

小松和魏濤相識於六年前，第一次見面，魏濤就被年輕貌美的小松吸引了。小松獨自一人在這個城市旅遊闖蕩，沒有任何親戚，也沒有幾個知心的好朋友。在孤獨和寂寞的情緒下，小松在酒吧很容易一喝就醉。當天晚上，如同以往的情況一樣，小松又一次不由自主胡亂說起來話來。她向魏濤哭訴自己的寂寞，說自己一個女孩子在外面闖蕩有多麼不容易。魏濤年齡比小松大，並且已經結過婚了，但是當小松軟綿綿的身體癱軟到自己懷裡的時候，魏濤竟然產生了初戀一般的衝動。

看著懷中嬌小的女人已經被殘酷的生活壓得喘不過氣來，別有用心的魏濤當即產生了強烈的保護欲。同時，在小松看來，魏濤雖然是一個有婦之夫，但是他依然風度翩翩，根本就不像其他大肚腩的中年人一樣被生活磨平了理想。魏濤在一家化妝品公司上班，因為他更加懂得如何去討得女人的歡心。當天晚上，魏濤抱著小松，當即表示自己可以幫助小松，自己就是小松最好的朋友。

此後的日子裡，兩個人的關係有了突飛猛進的發展。小松似乎認為魏濤就是自己命中註定的白馬王子，因此她也就沒有去計較魏濤已婚的事實，並且還主動和他發生了性關係。而魏濤覺得自己更加有責任去讓心愛的女人過得開心快樂，因此他對小松的要求也從來沒有拒絕過。兩人的感情很快就火熱起來，並且在縱欲時拍下不少性愛影片。

這種偷情的日子過去了兩三年，期間小松一直幻想著有一天魏濤會離婚並且和自己走入婚姻的殿堂，她覺得自己已經把身體給了魏濤，只要滿足了魏濤在性方面的要求就能換回他的一顆真心。可是，魏濤並沒有答應小松的請求和妻子離婚。小松威脅魏濤說，如果他不同意和妻子離婚，她就會把兩人的性愛影片送給魏濤的妻子，使他迫不得已離婚。在小松再三逼迫下，魏濤最後做出的決定讓小松十分吃驚。魏濤選擇了離開小松，並且承諾會給小松一筆青春補償費。

小松並不死心，她認為自己已經和魏濤在一起兩三年了，而且已經把身體給了魏濤。性愛就是他們倆感情的直接見證，魏濤怎麼能那麼輕易說出離開自己呢？小松認為魏濤是在玩弄自己的感情，她決定要給他點顏色瞧瞧。最後，小松下定決心向魏濤索取青春損失費八十萬，否則便會把兩個人的性愛影片公布於眾。魏濤只付了四十萬塊給小松，然而小松並沒有就此打住，她依舊糾纏不清的敲詐著魏濤。

忍無可忍的魏濤最終選擇了報警，小松連人及錄影設備都被逮捕。後來，經過法院的審理，小松的敲詐勒索罪名成立，被判處了三年六個月的有期徒刑。她的一場風花雪月夢，在兩個人的性愛之中綻放，最終也凋落在了性愛之上。

【見招拆招】

走進婚姻殿堂的人都有這樣的體會，鬧了點小意見的夫妻，最好的解決問題的方法，就是用性生活來抹平這些不快。只要女人不拒絕男人為她寬衣解帶，那些不愉快就會很快平息，夫妻之間終會重歸於好。可是，難道性愛真的可以解決所有的感情問題嗎？答案很顯然是否定的，因為，性愛不是感情「黏合劑」，有性並不一定就有愛，這才是需要認清楚的一個事實。

【拒絕竅門】

性愛真的能夠對人們的感情達到潤滑的作用嗎？人們往往以為發生了性行為，感情締結就已經成為鐵定的事情。生米煮成熟飯，終歸是不可靠的事情。如此性愛建構在沒有愛情基礎的婚姻中，始終是在剝奪另一方的情感自由。因此，學著去拒絕虛情假意的性愛，便可以輕鬆拒絕性愛帶來的苦惱和困擾。

拒絕性愛講究藝術，不要直接拒絕對方，從而造成感情上的傷害

對於許多女性來說，經常遇到的一個問題是，當自己沒有心情進行性生活的時候，伴侶卻興致盎然，那麼此時該怎麼去拒絕他呢？

1　其實，委婉拒絕是最好的方式。你可以說：「我今晚沒有心情過性生活，只想和你聊聊。」或者是「我們只是擁抱一會好嗎？」如果對方真的愛你，他就更不應該採取「霸王硬上弓」的姿態了。

2　如果你覺得這樣的表達還是過於直接，那麼不妨採用計分的方式來表現自己現在的處境。如果說「對不起，今晚我得分為零。」這很明顯是在說你現在不是最好的性愛狀態，對方也就能明白你的心情了。

3　轉移話題和注意力。當對方覺得此時除了性愛之外，並沒有其他事情可做的時候，那你就必須轉移他的注意力。如：「我現在餓得可以吃下一頭牛。」或者「我們一起去散步、喝杯咖啡好嗎？」

不論是對於老夫老妻還是新婚夫妻，交流的方式總有千萬種不同，但一定要記住：委婉溫情的拒絕比起冷漠的回絕，達到的效果要好數倍。

性愛不能強求，有性並不代表有愛

愛情應該是純淨的不帶任何雜質的一份感情，單純在性上面的愉悅，並不能代表兩人之間感情的深度。因此，當一方強迫你進行性愛的時候，自己心中要始終繃著最後的一根弦，不要讓自己掉進感情遊戲的漩渦之中而無法自拔。

愛情和婚姻之中自然包括性，但是性並不能代表愛情和婚姻。感情可以穿越千年。可是婚姻有了，性愛有了，感情卻並非可以隨之而來。因此，時刻堅守最後的陣地，拒絕單純只是為了性愛而性愛的愚蠢行為，就顯得有理有據了。當對方不能給你任何承諾的時候，切忌避免兩人因為性愛而糾纏，否則最後受傷的不是你就是對方了。

感情「不插隊」——拒絕成為第三者

愛情總是在不期而遇間降臨，當你愛上一個不該愛的人時，會選擇理智退避，還是會拋開世俗的倫理道德，不顧一切衝上去？「比愛情少一點，比友情多一點」的「小三」們，也許會是不計較物質的代價只求感情寄託的情感一族，如此愛情更加讓人無法拒絕。可是，你想過自己成為他人的第三者之後，自身會遭受的種種非議嗎？你為自己曾經破壞了別人的家庭而暗自後悔過嗎？如果你的答案是肯定的，那麼就讓彼此之間的感情「不插隊」，拒絕成為感情生活之中的第三者。

【案例追蹤】

阿琳第一次踏進何女家的時候，何女根本沒有想到她會給這個家庭帶來怎樣的災難。這個號稱大學畢業的保姆，差一點奪走了她的一切。而阿琳卻因為這一次意外的感情，幾乎把自己的大好前途毀於一旦。

大學畢業之後的阿琳一時間苦於找不到合適的工作，而一個偶然的機會她認識了老張。老張開辦了自己的公司，手頭也多少有些積蓄。當阿琳來老張的公司面試時，老張當即就決定讓她留下來工作，阿琳還曾經為此高興不已，現在想想，後悔都來不及。

其實，阿琳的工作任務並不多，因為老張的太太何女剛生完孩子，在老張的懇請下，阿琳在工作不忙的時候就來老張家裡面擔任保姆及做家事。名義上，阿琳是老張從外面請回來的保姆，這主要還是為了避人口舌。沒想到的是，何女也非常喜歡阿琳，她還多次讓阿琳住在家裡。

因為妻子需要照顧小孩，而阿琳和老張又是整天從家到公司出雙入對，兩人之間的關係終於進一步突破了限制。何女幾乎很少出門，當然也就不知道老公和阿琳出門之後會做些什麼。還是在鄰居的提醒下，她才注意到兩個人之間親密的舉動。「你老公和你們家的保姆可能有問題。」鄰居善意提醒何女。

何女從此多了一個心眼，果然，她在偷偷觀察的過程之中發現，老公和保姆阿琳之間的關係果真非同一般。等她質問老張的時候，老張才把阿琳是公司裡面新來的員工這個實情說了出來。可是，兩人之間到底有沒有曖昧關係，老張的回答卻不置可否。這更加重何女的猜疑。

其實，阿琳的選擇也是被迫無奈。面對老張的示好，她曾經產生過逃離的衝動。可是，自己又能逃到什麼地方呢。如果拒絕了老張，自己不僅是失去了一份愛情，更會失去賴以為生的飯碗。面臨雙難的抉擇，阿琳最終選擇了妥協。她只是希望何女不要發現兩人之間的關係，可是常在河邊走哪有不濕鞋的道理。她也明白，她和老張之間的關係終有敗露的一天，而阿琳所能做的事情就是盡量掩蓋事實，好讓這一天能夠晚一點到來。

眼見事情敗露，老張也一時間不知道怎麼做才好。何女只是不停的哭，因為剛生下小孩，老張怕妻子哭壞了身體，只得無奈答應了她的要求——把阿琳掃地出門。可是，即便阿琳搬出了自己家，就能保證老公和阿琳之間不會再有其他的事情發生？

在何女的逼迫下，老張終於艱難的做出了這個決定。他把妻子和阿琳都叫到客廳裡面，第一次公開說：「阿琳，我對不起你，我有自己的家庭，所以我們還是分開吧。」老張說到這裡的時候，阿琳的腦袋瞬間亂成一團。接下來，老張說的感情補償費之類的事情，她一句話也沒有聽進去。

最後，阿琳默默離開了這個讓她糾結了無數個夜晚的地方。她沒有帶走一分錢，也沒有告訴老張，阿琳選擇了獨自離開。

離開一個城市，離開一段似是而非的感情，或許這才是最好的結局。

因為，有時候也許僅僅一句話，就能深深刺痛雙方的心，甚至還會讓你們的愛情從此劃上休止符。

【見招拆招】

拒絕做別人感情裡面的第三者，否則受到傷害的只會是你自己。愛情可以在任何有陽光和雨露的地方綻放，但是請記住一點，不要把自己愛情的種子種在別人的後花園裡面。否則，即便它會開始燦爛的花和結出沉甸甸的果，而你自己最終只能是徒勞無功。喜悅是別人的，唯一給自己留下的只有無盡的悲傷。

【拒絕竅門】

愛情就是一場戰爭，即便他對你說盡了甜言蜜語，你也應該隨時保持著理智，不要被糖衣炮彈炸暈了頭腦。他現在對你說的話，他早已經對自己的妻子說了無數遍，而在你之後，他也許還會對他人說了無數遍。對於他來說，你可能只是他寂寞無聊時的一道開胃菜而已，而你卻已經把他當成了你的全部，這才是致命傷所在。

因此，拒絕介入他人的感情，高調宣揚不做愛情的第三者，才是一個人應該具有的愛情心態。

寧可孤單一輩子，不做他人唾棄的對象

每個人都渴望著美好的愛情，然而這份愛情若發生在已婚之人的身上，你就可得注意了。單身一人的時候，我們可以驕傲地活著；但如果成為了他人的情人，就只能卑賤生活在眾人的鄙視。是坐在 BMW 車裡面哭，還是坐在自行車後面笑，這似乎不應該是一個值得討論的問題。生活的真諦是快樂，你邂逅了第三者的愛情，雖可以獲得短時的快樂，但痛苦必定是長久的。權衡輕重，想必

每個人都知道應該何去何從。

他人示愛，應該小心斟酌

但是，在遇到已婚的人在向自己示愛的時候，此時我們應該怎麼辦？每個人在結婚之後，不論從法律上還是從道義上，都應該全心全意去愛他的配偶。他的出軌看似是對你的關愛，可是細細想來，假如有一天你也美顏盡失的時候，他還會不會如同狠心拋下老婆一樣拋棄你呢？如此負心的人，還值得你用自己的青春當做愛情的賭注嗎？

相信真愛，耐心的等待和尋找必定能夠換來愛情的盛開期

在你沒有找到真愛之前，不要輕易把自己一生的歸屬送給他人。有人說，在沒有遇到自己的Mr.Right之前，也不會介意和眾多的Mr.Wrong們分享人生。可是，和眾多擦肩而過的人們也只能限於分享人生，別把任何人當成是自己的唯一，因為你永遠不確定他是不是把你也當成了自己的唯一。不論何時，都要相信真愛，耐心的等待和尋找必定能夠換來愛情的盛開期。

在愛情上，還是一個人擁有一份完整獨立的愛情為好。不要和他人分享同一個人的愛情，那樣的話其實你只能得到二分之一的真心。所以，拒絕當第三者，才是愛情路上最正確的方向和姿態。

把愛放在密閉室——拒絕在公共場合秀甜蜜

杜拜最近發布最新公共行為守則，禁止居民和遊客情侶在公共場合有擁抱、親吻、跳舞甚至牽手等行為。這條守則雖然給一些情侶帶來了不便，但卻給更多人的利益提供了保護。公共場合是大家用來休息和活動的區域，每個人都對這裡有著平等的使用權。可是，如果你只是把其當成私人領地來肆意使用的話，必定會招來眾人的非議。秀恩愛、秀甜蜜未嘗不可，只是你考慮到周遭人們的感受了嗎？拒絕在公共場合放閃秀甜蜜，因為，你們的愛本來是應該放在房間裡面的。

【案例追蹤】

宋書在一家網路公司任職已經將近四年，算起來她也算是公司的元老級人物了。每當新員工被招聘進來的時候，作為人事管理部門的主任，宋書都會先給新員工上課。在宋書看來，最受不了的事情就是辦公室戀情。其實，不是宋書不通情理，也不是她認為辦公室戀情會給工作帶來不可預想的困擾，只是一對情侶在同一家公司就職，難免會在公眾場合大秀恩愛。這樣的情況，多多少少會引起同事們的尷尬。

有關於電腦網路的工作，本身的壓力就非常大，很多員工都會還產生睡眠不足的問題。為此，公司研究決定設立一男一女兩個公共休息室，讓員工在午餐過後能夠躺到床上稍微舒緩工作的壓力。每個休息室裡面都設置了幾張床，大家可以躺在上面睡午覺，這對下午的工作來說百利而無一害。

雖然公司的決定極盡人性化，但是因為中午休息的時間比較短，所以人家一般都不會去休息室午休。相反，大家都是在午餐過後坐在一起閒聊，或者在上網收發私人郵件。因此兩個休息室就閒置了起來，偶爾有一兩個人實在睏得不行的時候，才會去休息室裡面補充睡眠。

其實，宋書平時也不常去休息室。一來是自己也覺得中午休息的時間太短，二來礙於自己主管的身分，也不便和員工擠在一個休息室裡面。然而，最近發生的一件事情，讓很少去休息室的宋書感到尷尬不已。

這天中午，宋書因為前一天晚上沒有睡好，所以她就想去休息室裡稍微躺一會。左右看了看，宋書便拉著剛進入公司的阿娣一起向休息室走去。然而，當她們兩個站在休息室門前的時候，卻發現門從裡面反鎖了。許久沒有來過的宋書還以為自己找錯了房間，而阿娣卻告訴她這裡就是公共休息室。可是，門為什麼會被反鎖呢？

宋書想了想，覺得可能是裡面休息的人害怕有外人進來，才把門鎖上的。畢竟，女員工多一份戒備並沒有錯。當宋書把耳朵湊近門上，想要聽聽是不是有人來開門時，她發現自己完全錯了。從休息室裡面傳來的窸窸窣窣聲，讓宋書和阿娣很納悶。

過一會兒，門才被打開。先是小莉從前面探出頭，她急忙向宋書道歉。正在宋書還不明白小莉為何要道歉的時候，身在同一樓層工作的小莉的男朋友慌慌張張從休息室裡面走出來，並且快速消失在轉角處。

這個驚嚇，宋書的睡意全消，她也馬上明白了發生的事情。撞見了這樣的事情，不僅小莉和她的男朋友覺得不好意思，連宋書和阿娣都覺得尷尬不已。

因為這件事，宋書覺得有必要整頓一下公司的紀律問題，畢竟，兩個人在一起秀恩愛也是要分場合的，在公共場合亂來總會讓他人覺得心裡不舒服。可是，礙於同事的情面，宋書又很難對小莉做出處罰。也許，這樣尷尬的事情會隨著時間逐漸淡忘掉吧，宋書心裡這樣想著。

【見招拆招】

捷運站、公車上、街道邊，時不時可以看見牽手、摟抱甚至熱吻的人。在這些公共場合，他們全都忘我投入到了熱戀之中，但是卻忽略了他人的感受。宋書所遇到的事情，在當下看來並不特殊。但是，情侶之間的熱情也應該注意分寸和地點。在公共場合大秀恩愛，只會給他人帶來反感和尷尬，除此之外，再無其他利益。

【拒絕竅門】

在一些公共場合，親吻、愛撫和熱情的擁抱雖很常見，但如今，安靜、浪漫的牽手卻成了很多西方年輕人在公共場所的界線。畢竟，在大眾的視野之下，兩個人秀恩愛的程度必須受到一定的限制，否則只會引來無數路人駐足觀看，甚至令彼此都產生尷尬的神情。

然而，身為熱戀中的情侶，當對方向你提出在大庭廣眾之下大秀恩愛的時候，自己又應該怎麼樣拒絕呢？

選擇保守別激進，靦腆永遠是最好的選擇

在對方向自己提出這種要求的時候，不要盲目答應。此時，還是應該選擇較為保守的行為，告

訴對方兩個人的事情在私底下好好表現就可以了，在公共場合還是應該注意一下形象問題。不要冒然衝動，否則很容易在對方心目中留下只要他提出要求你就隨時會答應的形象。適當表現一下自己的靦腆，還意味著你並不是一個隨便的人，相反會給對方留下更好的印象。

拒絕作秀，尊重旁觀者

如果對方只是為了作秀，從而要求你在公共場合配合他的話，那你就更加應該學會拒絕。你可以對對方說：「這裡是公共場合，我們做這些事情，恐怕不好吧？」這樣做，一方面表達了你成熟的觀點，認為愛情不應該只追求形式化和表面化，另一方面又很好的照顧到了大眾的感受，不會引起大家的尷尬。

選擇更為平緩的方式去表達愛情

有人曾在部落格中寫道：「所有公共場合親密行為中，兩人間最親密的行為莫過於牽手了。牽手不僅宣告兩人在一起的事實，還將兩人的幸福一併傳達出來。情侶們會瘋狂親吻、擁抱。但他們會瘋狂牽手嗎？答案當然是不會。」當對方向你提出親吻或者更過度的要求時，直接拒絕往往會顯得不近情理，但若是以牽手和充滿愛意的微笑來回報對方，則不僅讓對方的情意得到了些微的緩和，同時也為其保留了足夠的情面。

把你們的恩愛放在房間裡就好，這才是對這份感情珍重的表現。倘若總是在公共場合秀恩愛，只能說明對方更加在乎的是別人的看法，而不是你們之間最真實的感覺。把這一點告訴他，相信他一定會聽從你的意見，從而對你更加珍愛。

選擇好你的顏色——拒絕黃色笑話

許多國家的立法中，對性騷擾進行了更加清楚的法律界定，講「黃色笑話」可能被寫進法律程序之中。講「黃色笑話」就有可能被控性騷擾，這樣的立法是值得稱讚的，並且基本上可以解決性騷擾案件法律依據不足的現象。這樣的立法讓如何去明確性騷擾行為的程度、方式，以及給類似案件的處理方式提供了法律基礎。但如果從另一個角度來看，之所以會有這樣的立法項目存在，卻也證明了黃色笑話在我們生活之中無處不在。尤其是在公共聚餐的時候，更有人黃色笑話不絕於口。面對這樣的情形，你會對他說「請選擇好你的顏色」嗎？

【案例追蹤】

吳江和秦虹結婚已經十年了，十年間兩人恩恩愛愛，在私密的時候也少不了會講一些黃色笑話。夫妻兩個人在一起，這樣的事情本身無可厚非，然而在孩子即將上小學的時候，吳江開始為一件不知道緣起何處的事情而頭疼不已。

前不久，為了給將要上小學的孩子採購用品，吳江和秦虹在商場裡面為孩子買了一些文具。因為孩子一直嚷著要回家，所以在付款交易的時候兩個人都沒有仔細看。回到家哄孩子上床睡覺之後，秦虹才發現一個十分嚴重的問題。在給兒子買的書包上面，印有一些充滿童趣的卡通圖畫和小笑話。可是當吳江把買到的鉛筆盒拿出來之後，才頓時傻眼。

和書包上一樣，鉛筆盒上面也印滿了卡通圖畫和小笑話。但是吳江仔細一讀，才發現事情不對勁。這些笑話沒有一個是適合小孩子們看的，這全都是在大人之間流傳的一些黃色笑話。不是蚊子和螳螂去偷看一個女子洗澡，就是講烏龜在廁所遇到的尷尬事情。很明顯，這些成人笑話是絕對不能夠讓小孩子看的，無奈之下，吳江和秦虹找到了文具批發商，想要退換貨。

可是，等兩個人再次來到商場的時候，卻發現整個事情已經走入一種惡性循環之中。銷售員讓吳江夫婦在櫃檯前等老闆回來處理這件事情，然後他就和另一名女銷售員坐在一旁開始閒聊了。秦虹卻無心聽到了他們的對話之後，頓時羞得面紅耳赤。原來，兩個銷售員的談話，句句離不開男女之間的事情，大量的黃色笑話和庸俗不堪的內容從他們的嘴中脫口而出，這讓秦虹一時間不知道如何應對。

她向丈夫說明自己的尷尬，吳江氣憤走上前去制止兩個售貨員。「在公共場合，請你們不要說一些黃色笑話。」

誰知，吳江的好言相勸卻引起了男銷售員的反感。他立馬駁斥道：「我們兩人之間打情罵俏，關你們外人什麼事情。你們愛聽不聽，不關我們什麼事情！」說完之後，兩個人又火熱聊了起來。

吳江一看這樣的情形，忙著帶妻子離開了。惹不起難道還躲不起？吳江和秦虹不知道怎麼樣去拒絕這樣的黃色笑話，只好選擇遠遠躲開，希望能夠給自己保留一份純淨的空間。最後，他們兩個只好重新給孩子買了一套適合的用品。

【見招拆招】

按照有些國家的法律，這兩名銷售員的行為，可能已經對吳江夫婦構成了性騷擾。可是，雖然有法可循，但這樣的事情追究起來總是難以想像的困難。為此，想要拒絕黃色笑話，最根本還是應該從每一個人做起，只有真正純潔了自我的心靈，才能讓這個社會在乾淨和純真的狀態下良好、有秩序的運行。拒絕黃色笑話，讓每一個人選擇好自己的顏色。

【拒絕竅門】

懂得含蓄委婉傳遞愛情資訊的人，才是真正值得去相愛的對象。黃色笑話雖然能夠在一定程度上挑逗彼此的情欲，但若是想要贏得心上人的芳心，最根本的途徑並不在嘴上。

所以，面對隨時都有可能襲來的黃色笑話，我們每個人都應該先武裝好自己，用最堅實的盾牌去抵抗黃色笑話，才能得以保全自身。如何去選擇好自己的顏色，也有竅門可尋。

只要風流，不要下流

朋友聚會，酒桌上無話不談，因此也就難免出現大量的黃色笑話。此時，你一定要注意保持自己的儀態，既然要拒絕黃色笑話，就不能和對方同流合汙。告訴他，做人可以風流倜儻，要喝酒隨便來（當然，這只針對有酒量的人來說，若是沾酒就醉，說這話的時候還是小心為妙），但若是想要藉著酒興而下流起來，就會破壞朋友之間的氛圍了。

做冰山美人，裝軟釘子男人

一不小心聽到黃色笑話，如果覺得拒絕對方會讓自己顯得不盡情面的話，那麼不妨選擇冷淡應對。面對滔滔不絕的黃色笑話，你可以始終保持著不冷不熱的微笑，既不表示出自己的反感，也同樣不表示自己的熱情。如此不置可否的態度，會讓對方的情緒如同放出去的箭找不到靶子一樣，他自己便會及時停止這樣的談話。因此，做一個冰山美人，或者裝作是軟釘子男人，才是冷淡應對的上策。

尷尬時刻尋藉口，打不贏就跑

遇到這樣的尷尬時刻，要絕不給黃色笑話留下絲毫的存活空間。當你看到對方開始大肆講起黃色笑話的時候，可以找個藉口暫時離開一下。及時選擇逃避，雖然並不是主動迎敵，但也得以保全自身。打不贏就跑，選擇游擊戰的方式，其實是更加靈活的對敵策略。藉口上洗手間，等再次回到餐桌上的時候，可以故意和那位朋友坐的稍遠一些。這樣一來，即便他還會講黃色笑話，你完全可以和身邊的朋友談論其他的事情而絲毫不受影響。

而夫妻或者情人之間的黃色笑話雖然屬於私人祕密，但在公共場合也是應該多加注意的。愛情並不是一個簡單的口角遊戲，雖然很多時候它需要我們用語言去強化，但實際行動遠遠比嘴上的花言巧語要有用許多。用心去感受，用愛去傳遞。含蓄、謙恭甚至是羞澀的態度，才能夠讓愛情充滿曲折之美，只有這樣，才更容易打動戀人的心扉，讓他或她真心接受你的愛。

選擇好自己的顏色，是對愛情和友情珍重的表現。你的立場決定了你以何種方式看待彼此之間的感情，這才是使情人或朋友得以長久維繫的樞紐。

不做愛情大話王——拒絕情人間虛假的甜言蜜語

大話王，你一定聽說過，就是那種在你面前只會一味討好，而從來不去想滿口承諾的事情能不能辦到的人。在愛情之中，大話王往往最容易贏得對方的青睞，因為在對方看來，這個人幾乎無所不能，他總是出現在自己最需要幫忙的時候，並且總能夠輕而易舉把棘手的問題處理乾淨。可是，誰又知道，在這些謊言的背後隱藏著怎樣的心酸呢？

【案例追蹤】

寶拉是第一次和男朋友約會，他是人長得不錯，還開了一家小公司，生意也有聲有色、蒸蒸日上。寶拉其實對男朋友並沒有那麼挑剔，只要兩個人合得來就行。在愛情上，雙方只要都真心對待另一方，寶拉就已經知足了。

「我叫何永光，你可以叫我永光，或者直接叫我小何都可以。」對方說。

寶拉有禮貌點了點頭。在她第一眼看到小何的時候，就已經暗暗有了一見鍾情的感受。不是說寶拉過度相信緣分，只是因為小何給人的第一印象確實不錯。西裝筆挺的他看起來很有精神，他說話的口氣一下子就拉近了兩個陌生人之間的距離。兩人在餐桌旁邊坐了下來，開始熱情的聊了起來。

「那麼，說說你的工作吧！」寶拉直入主題。

談到工作的事情，小何的熱情一下子被啟動了起來。「我的工作其實也沒有什麼可說的。」小何先是謙虛說，「其實，我就是開了一家小公司，年收入大概也就上百萬吧。手底下有幾個員工，都是研究生畢業。我們主要做綠色環保的產品，也可以稱為新能源，所以現在還不被大眾所了解。但是，我們的客戶可都是一些大公司。」

「哦，原來是這樣啊。」雖然寶拉並沒有聽懂小何到底在講什麼，但是光從年收入的數字來看，小何所從事的事業就非一般人可比。這更增加了寶拉心中的滿意度。「那，門口那輛車是你的？」

小何順著寶拉手指的方向往前看了看，點了點頭說：「你說的是那輛奧迪吧，沒錯，是我的。不過，我嫌它太舊了，現在正打算換一輛 BMW。」

在小何的言語誘惑下，寶拉已經完全被他征服了。在整個吃飯的過程中，一直都是小何在侃侃而談，寶拉則用羨慕及欽佩的眼光看著小何，心中早已經做好了最終的決定。結帳的時候，小何從口袋裡面掏出一張銀行的鈦金等級的信用卡給服務員，那優雅的動作更讓寶拉一見傾心。

兩個人牽著手雙雙從飯店走出來，在陽光的沐浴下，寶拉覺得自己在頃刻之間就已經墜入了愛河。而正當小何牽著寶拉的手從台階上走下來的時候，正好碰到了寶拉的老同學麗麗，然而小何見到麗麗的時候臉上竟然有著難以言喻的尷尬表情。寶拉隱約感覺到，在小何和麗麗之間一定有著什麼不敢明說的祕密。

麗麗把寶拉拉到一邊說：「寶拉，你怎麼和他在一起？他是一個大騙子，你可要小心啊！」

寶拉不明白麗麗要說什麼，忙問具體是怎麼回事。

麗麗這才對寶拉說出了實情。原來，小何是一個專門的愛情騙子，麗麗就是受害者之一。當初，小何為了追求麗麗，從朋友處借來了名車名錶，甚至連結帳用的信用卡都是借的。他口中的公司更是子虛烏有的事情。等麗麗完全上鉤之後，小何便以公司陷入困境為由，騙走了麗麗數萬元。麗麗正愁沒地方找小何呢，現在反倒被她撞個正著。

寶拉深吸一口氣，慶幸自己沒有成為下一個犧牲者。然而，等她們倆反應過來應該把小何送到警察局的時候，才發現這個愛情騙子早已經不見蹤影了。

【見招拆招】

據調查，在男女朋友約會的前三次過程之中，大部分的男方都會過度誇大自身的成功。不過，男性們會這樣做，主要的目的還是為了能夠成功吸引女性的芳心，而故事中小何的行為就只能說是別有用心了。但不管怎麼說，過度誇大或者是貶低自己都是一種說謊的行為，這都會使對方在理解和認知上存在偏差。只有給對方呈現出最真實的自己，才是愛情之中應該有的態度。

【拒絕竅門】

不做愛情之中的大話王，不管是善意的還是惡意的謊言，都應該嚴辭拒絕。在愛情之中，雙方都應該對彼此保持真誠，不管是風雨坎坷，還是康莊大道，只有互相保持誠信，才能做到風雨同舟。所以，拒絕做愛情中的大話王，是給愛情保鮮的必要手段。

笑而不語，用行動去糾正他的謊言

當對方向你說謊的時候，最好的解決之道並不是立即揭穿他，尤其是有外人在場的時候。你可以選擇笑而不語，一方面讓外人認為你是在默認他剛剛說過的話，另一方面則也讓他明白你的笑其實另有含意。然後，你可以在私底下用自己的實際行動去糾正他剛剛的彌天大謊。當看到所愛的人為了自己的謊話而辛苦忙碌的時候，相信再鐵石心腸的人也會被感動熱淚盈眶，而這也將是他最後一次說謊了。

不置可否，只是嚴肅說出自己的觀點

面對謊言，你可以選擇沉默，也可以選擇去糾正對方，但是這兩種選擇都會對彼此的感情造成一定的傷害。而此時，還有一條路可以走，那就是選擇不置可否。你不去對對方的觀點做出評判，只是在公正嚴肅表達自己的看法和觀點。當你說的正確觀點深深觸及他剛剛說謊的心靈時，他一定知道你早就識破了他的謊話，只是礙於兩個人的情面而沒有當面揭穿。這是你愛他的表現，同時也是為了防止事情進一步走入不可挽回的僵局。

適當糾正，告訴對方自己需要知道真相

當你明知道他在說謊，但是卻不能生氣的時候，你可以用嚴肅的表情看著他的眼睛，告訴他：「親愛的，我只是想知道真相，我只是想要和你一起承擔。」一定要讓他明白，你迫切想要知道真相，

只是因為你是真的愛他。沒有人願意獨自去挑戰風雨，當你說出這些話的時候，再堅固的壁壘也會因為這樣的柔情而化為粉碎。

不做愛情大話王，用真心去換取真心，用真愛去贏回真愛，才是情人和夫妻之間應該明白的一個基本道理。處於紅色警戒範圍之內的你們，還願意用謊言去編造愛情的美麗嗎？

變成一個健談的人——拒絕初次見面時冷場的尷尬

你們是第一次見面嗎？你知道對方有什麼樣的喜好和自己相同嗎？你們之間的共同話題有多少呢？這恐怕是很多初次見面的男男女女們經常會遇到的尷尬事。並不是因為見到異性而緊張，只是大家都不熟悉對方，所以在初次見面的時候難免會遇上冷場的情況。此時又應該如何解決這樣的問題而不至於使自己在對方心目中留下一個壞印象呢？

【案例追蹤】

謝佳已經二十八歲了，馬上就要步入傳說中的剩女年齡。皇帝不急急死太監，謝佳對愛情不冷不熱的態度把爸媽急壞了，他們每天都託人四處說媒，好像怕自己的女兒嫁不出去一樣。只是，一時間上哪裡找那麼多合適的人選呢？這幾天以來，在父母的安排下，謝佳如同面試官一樣甄選過一個又一個男性，但卻沒有她看得上眼的。

「我的祖宗啊，你到底要什麼樣的人啊？」這是謝佳的媽媽又在發牢騷了。

「沒感覺，要我能怎麼辦啊！」謝佳振振有詞的說。

於是，又一場相親大會繼續拉開了帷幕。

說來也湊巧，隔壁王大嬸的一個侄子正好和謝佳年歲相差無幾，現在也是單身，家裡面也正四處託人給找對象。王大嬸熱心，看著兩個孩子郎才女貌，就有心想把兩個人撮合到一塊。

其實，這些天來，謝佳和那麼多的男性見過面，即便還對愛情充滿了一絲希望，也早已經被一次次失敗的案例給磨平了。但因為又礙於王大嬸的好意，只好勉強答應了下來。

聽王大嬸說，他的這個侄子名叫王生，老實本分，不太愛說話，但絕對是一個正直善良的人。謝佳笑了笑，沒有太多回答。等真正見到王生的時候，謝佳才知道王大嬸並沒有過度吹噓自己的侄子。王生是那種一眼看上起就十分老實的人，這倒是讓謝佳心中感到很滿意。在這個商品化的社會，如同王生一般淳樸的人實在不多見了。

然而，等兩個人坐在餐桌前面，王大嬸和媽媽先行離開給兩個人留下私人空間的時候，謝佳才發現自己大錯特錯了。王大嬸只是說王生不愛說話，可是坐在謝佳面前的這個人簡直比自己還要害羞。他局促看著謝佳不知道應該從什麼地方開始說起。

遇到這樣的情況，謝佳也傻了。以往，都是男方在對她侃侃而談，謝佳更多的時間都是在做一個聆聽者的角色。可是，當對方也一句話不說而等著謝佳先開口的時候，兩個人之間的空氣瞬間變得僵硬起來。

最後還是王生先開口了，幾句簡單的問候語之後，場面再次變得尷尬起來。謝佳知道，王生其實並沒有惡意，如同自己一樣，兩個人在面對陌生人的時候都不知道應該去說些什麼。王生只是不停給謝佳夾菜，這讓謝佳十分感動。等從飯店裡出來的時候，謝佳問王生等一下兩人要去哪裡，王生茫然望望四周，表示自己也不知道。

正在這時，謝佳的媽媽和王大嬸正好回來了，謝佳這才稍微放鬆一下。她偷偷看了王生一眼，發現他臉上尷尬的神情也漸漸消失。謝佳不禁在心裡暗自笑了一下，不過對於王生她還是比較滿意的。只是如果今天見面的時候，雙方都知道如何去避免冷場的話，相信他們互相留下的第一印象會更好。

【見招拆招】

害怕冷場？那為什麼不早做準備呢？相親前，給自己預設幾個話題，在相親的過程之中，根據情況可以隨時有目的的拋出話題，就一定能夠避免冷場。而且在談話時，一定要避免一問一答的刻板交流方式。如果遇到了內向寡言的對象，可以從一些時下熱門的有趣新聞話題切入。從交談中，可以暗自體會對方在生活趣味方面的傾向。只有做好了充分的準備，才能讓自己變成一個健談的人。

【拒絕竅門】

在生活中，不少單身男女都可能去相親，那麼相親的時候應該注意什麼呢？是儀態端莊，還是談吐幽默？這些對外向的人們來說似乎都不是難事，但天生內向的你究竟應該如何避免冷場呢？

從言談舉止入手，不做討厭鬼

俗話說，坐有坐相，站有站姿。在第一次見面的時候，為了給對方留下一個好印象，一定要端端正正坐好。女士盡量保持矜持，男士也應該顯示出風度。雖然自己的性格比較內向，可能在聊天的時候話並不是很多，但是從儀態上入手，不要讓自己第一眼給別人留下一個討厭鬼或者邋遢的印象。這是對對方的基本尊重，同時也是打開話匣子的一把關鍵鑰匙。

適度幽默以避免冷場

幽默說起來容易，做起來難。如何把握尺度是一個最大的問題，弄不好變成了耍嘴皮子就不妙了。對於平時寡言少語的人來說，想要一時間變得幽默起來，很容易就會出現掌握尺度的問題。因此，想要打開話題，提前做準備的時候，你可以從以下幾個方面入手：

1 多說一些工作之中新鮮有趣的事情，這同時還表明了你熱愛你的工作；

2 如果你們曾經到過同一個地方，那麼這裡就是打開話題的最好選擇；

3 從最新的娛樂話題入手，電視、電影都可以作為話題，如果興致上來了，兩個人還可以相約一起去看電影，何樂而不為呢？

4 說說你最嚮往的生活狀態，給對方描繪一個你會為之努力奮鬥的未來。

注意禁忌話題

在談話過程之中，容易造成冷場的話題一般都會涉及到彼此禁忌的內容，如：

1 錢——在第一次見面的時候就去談薪水和錢的問題，反倒會給對方留下不好的印象，造成進一步的冷場；

2 前任男女朋友——這是每個人心中都不願意提起的傷痛，小心不要誤觸雷區；

3 八卦別人——適當談談各自的好朋友可以促進談話興致，但如是過多的把注意點放在他人的八卦之上，則會顯得你這個人總是喜歡探究他人隱私，不好的形象便呼之欲出。

其實，如是能夠做到無招勝有招，完全打破自己原先預設的框架，從身邊的大事小情一點點談起，更能夠顯示出一個人的智慧。想要變成一個健談的人，就需要打破呆板的模式，努力去尋找兩個人之間的共同點，這更能表現出你的真心和向對方的追求，說不定還會有著意想不到的美好結局在等著你呢。

不和麥芽糖牽手——拒絕愛情中嚴密監控

什麼是愛情？舒淇在《全城戒備》電影裡面說：「愛情其實就是一種感覺，他哭時你會陪著他哭，他笑時你會陪著他笑。」愛情不是可以討價還價的，只有產生了相互戀慕的情愫，兩個人才會最終走到一起。子曰：愛之，能勿勞乎？愛他，能不為他操勞嗎？可是，愛情不是麥芽糖，更不是透過嚴密監控對方的一舉一動就能夠獲得對方的真心。

【案例追蹤】

羅雪到這家公司上班還不到三個星期，她的老闆就鼓起勇氣向羅雪約會了。他們第一次約會的地點，是在一家並不是很大但裝飾精緻的韓國烤肉城。羅雪一直很喜歡吃韓國烤肉，只是迫於經濟壓力只好讓自己忍痛割愛了。當老闆把車停在烤肉城前面的時候，羅雪興奮的快要叫出來了。

「這些花真漂亮！」當老闆如同變戲法一般拿出一束玫瑰花的時候，羅雪根本無法掩飾興奮的表情。

「哦，其實，這些花都是我親自選的。本來我請祕書幫我買了一束，可是我覺得那顏色並不適合你。之後，我又親自去了一趟花店，在花店老闆的建議下，我才買了這個束特別的玫瑰花。」老闆神情悠閒的說。

羅雪已經很高興了，她只是單純為老闆認真對待這份感情而感動。在老闆面前，她從來沒有說過自己喜歡吃韓國烤肉，更沒有提到過自己喜歡這種特殊的玫瑰花。「為了今天，老闆一定下了很多的心思。」羅雪心想。

「吃完飯之後，我們去哪裡呢？」羅雪已經被老闆打動了少女的心扉，她迫不及待想要知道接下來的行程。

「如果你不著急回家的話，我已經買了兩張正在熱映的偶像劇的電影票。」老闆從上衣口袋裡面掏出兩張電影票在羅雪眼前晃了一下。

羅雪興奮不已。「你知道嗎？我很早以前就很嚮往偶像劇裡面的生活，或許有一天，我也可以到世界各地去走走看看。」

老闆笑了一下說：「沒問題的，公司每年都有公費出國的名額，或許你將會成為其中一個呢。」

這一天晚上，羅雪完全被老闆迷住了心竅，在她看來，老闆為了滿足自己的各種需求而不遺餘力的去探聽自己的嗜好，這除了是對她的真愛之外別無他解。很快，她們就確定了第二次約會的時間。然後，兩個就直接陷入了熱戀之中。

然而，才僅僅過去半年的時間，羅雪就產生了逃離的衝動。

原來，老闆雖然喜歡打聽羅雪的各種資訊，可是她也逐漸發現自己的私生活開始過度被關注。這讓羅雪一直有一種被監視的感覺，儘管她多次向老闆聲明自己一旦有什麼需求就會告訴他，因此他沒有必要時時刻刻向他人打聽自己的行蹤。可是，老闆卻依然故我做著自己認為對的事情，這反倒讓羅雪陷入了尷尬的境地。

並且，老闆在向客戶介紹自己的時候，不再說這是他的員工了，而是說這是他未來的伴侶。過於快速的進展這一切，讓羅雪覺得很不真實。因為這件事情，羅雪一次次的和老闆起過爭執。甚至有些時候，羅雪覺得這根本就不是她想要的感情生活。

最後，羅雪終於下了決定——分手。然而，為了分手，羅雪最後連這份工作也失去了。可以說，她為這份感情，付出了雙份的代價，最後卻一無所獲。

【見招拆招】

很多人都相信，一定有一種神奇的東西能讓整個世界進入美好的狀態。而佛洛伊德認為，有一種東西能夠治癒世界上所有的疾病，那就是愛情。可是，愛情雖不是奢侈品，但也不是路邊隨處可見的石頭。羅雪雖然陷入了感情糾葛，但幸好她及時做出了明智的決定，否則便真有可能變成讓老闆上癮的一顆毒瘤，最終的結果只能是傷害感情世界中的每一個人。

【拒絕竅門】

有人讓你開心當然是好事情。能夠在正確的時間、正確的地點碰到一個正確的人，的確是三生有幸的事情。但是，一個人太過於關心你，甚至有點像美國FBI監視犯人一樣嚴密關注著你的一舉一動，讓你完全缺少個人隱私的空間，這樣的感情你還能夠承受得了嗎？就像是小時候曾吃的麥芽糖，一旦裹在湯匙上面，就會緊緊纏住，不留絲毫的空隙。

那麼，如何做才能逃避愛情之中的嚴密監控呢？

主動尋求感情中合理的自我空間

他對你的態度再熱情，你也要明白一點，對自己好的人永遠只有一個，那就是你自己。所以，不要把所有的祕密和心事都向對方透露，適當為自己保留一點隱私的空間，會讓你在愛情之中更加如魚得水。當對方問及你的隱私問題時，你可以巧妙迴避說：「這個事情，等時機成熟了我自然會告訴你的。」只需要把談話的焦點轉移，就可以避免此時的尷尬。

主動稀釋你們之間的黏稠度

覺得感情太黏的時候，就應該主動加水稀釋一下。當對方不斷問及你的私人問題時，或者他千方百計從別人口中探知你的消息時，你不妨主動向他袒露一點心意。適當滿足他的好奇心，可以達到望梅止渴的作用，從而還能夠避免在他人面前產生不應有的誤會。

分手遠遠勝於忍氣吞聲和爭吵不休

當你覺得實在無法忍受這樣的生活時，分手是一種快刀斬亂麻的選擇。忍氣吞聲只會讓你越過越覺得窩囊，如果選擇爭吵不休，那你毀掉的不只是自己的感情，還有本來平靜的生活。所以，選擇分手，是終止這份意外感情的最佳方式。既然兩個人都無法適應對方，那就應該在愛情的初期選擇離開，若等到談婚論嫁的時候再去說分開的事情，恐怕就為時已晚了。

不和麥芽糖黏手，這是在陷入愛情漩渦之前的警告。拒絕愛情中的嚴密監控，實則是給每一個人的自我空間，只有這樣，才能夠讓大家接收到足夠的陽光，讓你們的愛情之樹健康成長。

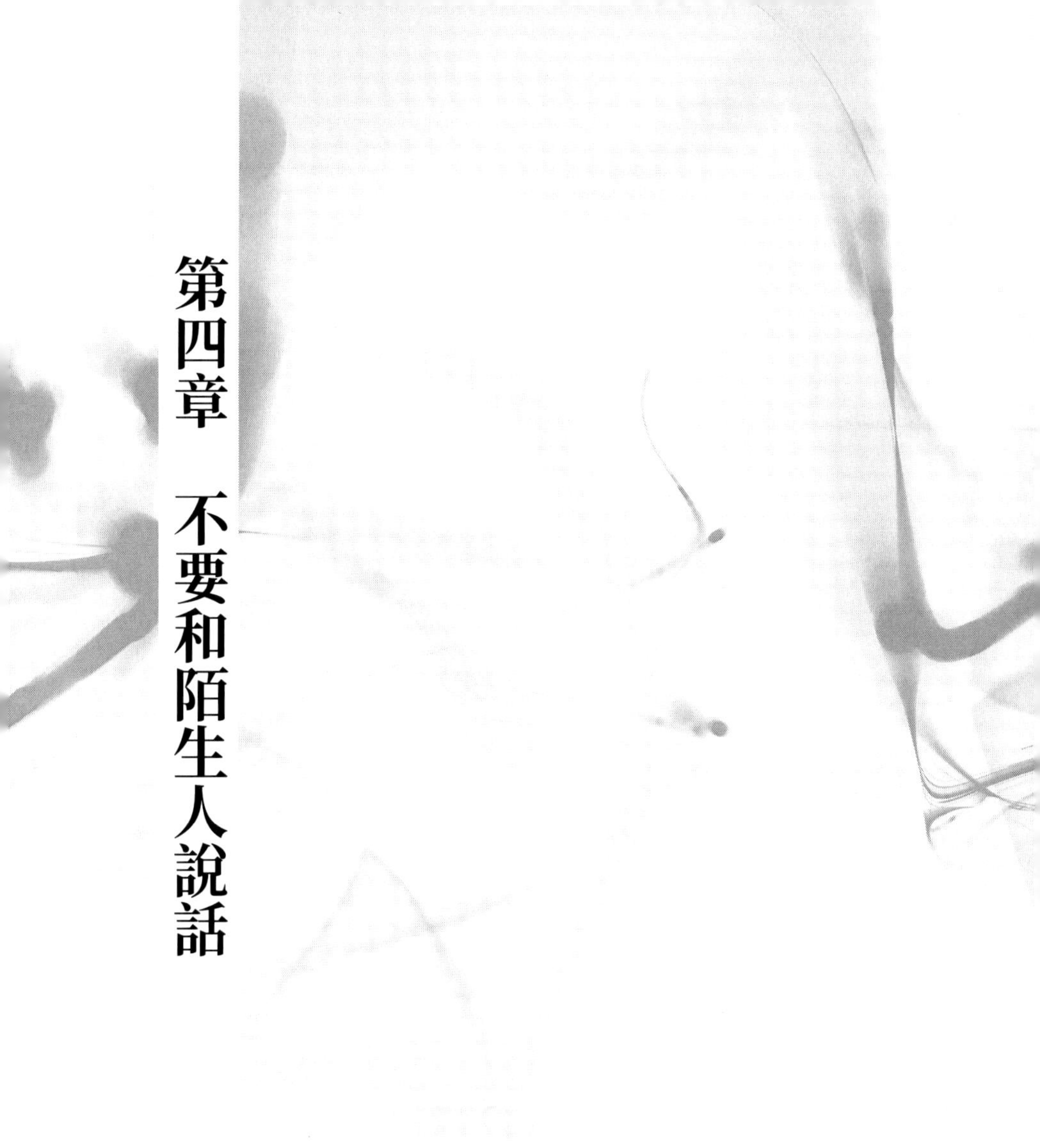

第四章　不要和陌生人說話

買賣不能「一廂情願」——拒絕街頭強迫推銷

你一定有過這樣的經歷：在大街上突然被人攔住推銷化妝品或洗髮精，經不住唬弄的你就會掏錢買下一大堆可能不適合自己的商品，而回家一看竟然全是騙人的產品；有經驗的消費者不論推銷員將產品如何說得天花亂墜，就是不上這個當。這種幾十年來一直存在的街頭推銷，在一些地區，已經發展到了死纏爛打的地步，這讓很多週末逛街的行人望而生畏，避之唯恐不及。

【案例追蹤】

元旦放假的時候，張小小約了男朋友董舟在肯德基門口見面。可是，因為男朋友在路上塞車，張小小只能在寒風中等待著男友的到來。

正在她舉目四處張望的時候，卻發現不遠處有幾個年輕人正在推銷產品。出於好奇心，一則也是為了打發無聊的時間，小小決定上前去看個究竟。

然而，小小還沒有走到跟前，就已經被這些推銷的人給盯上了。一名穿黑色羽絨衣的男子和一個穿著白色運動衫的女子向小小這邊張望了一下，隨後便快步來到她的身邊。他們邊走邊從隨身攜帶的包包裡面往外拿已經提前準備好的資料。等到走到小小跟前的時候，那個女子先開口說話了。

「你好，小姐，我們是安時利化妝品有限公司的。最近公司正在做活動，所以我們隨機送出限量免費體驗的貴賓卡。」這名女子把一張印製精美的卡片塞到了小小的手中。

小小低頭看了一下，馬上明白了這並不是什麼知名品牌，但因為其仿造的形象和某國際知名企業十分相似，所以一般人確實很難看得出來。對化妝品一項比較講究的小小自然產生了拒絕的念頭。可是，該女子卻不肯接受小小退回來的貴賓卡，並且她馬上還從男子的包包裡面拿出了些許樣品要小小試用。

小小明白，特定的皮膚只能適用特定的化妝品，所以對免費試用這樣的推銷行為她從來都是很小心謹慎的。然而，女子不等小小反應過來，就抓起她的手塗抹起來。小小急忙把自己的手收回，轉身就要離開。

可是，兩名街頭推銷員卻死拉硬拽住小小，不讓她離開。並且，男子還不斷說著他們公司產品的優惠價格，企圖誘惑小小上鉤。

經過幾分鐘的糾纏，已經下車的董舟及時趕到小小的身邊，才把小小從危難之中解救了出來。

「這些街頭推銷的人真討厭！我都一再拒絕他們了，還一直在拉扯我。」小小生氣的說。

董舟眉頭皺了皺，說：「小小，你還算是走運，沒有上當。上一次，我的一個同事和你遇到了同樣的事情，她經不住低價的誘惑而購買了他們的化妝品。結果用了沒兩天，皮膚出現很多過敏的紅疹，最後到醫院花了三千多元才治好。」

「天下沒有免費的午餐。」小小想了想剛才發生的事情，不禁害怕起來。

「知道就好，看你下次還敢不敢亂跑！」董舟調侃的說。

小小調皮笑了一下，牽起男朋友的手向市區的商業街逛去。

【見招拆招】

先以免費送禮品或免費美容等噱頭將消費者拉到店裡，對推銷員來說，這就成功了一半。或者原價幾千元的商品現價只賣幾百元，這種推銷方式一般是學生模樣的年輕人在做，對消費者稱是大學生做兼職，從而在心理上打消消費者的顧慮。然而，這其中還有半強迫的推銷行為，這卻很少有人能夠看得出。他們以各種藉口讓你乖乖掏錢包的時候，你就已經掉進了提前挖好的陷阱之中了。買賣不能一廂情願，拒絕街頭推銷才是真理。

【拒絕竅門】

面對巧舌如簧的推銷員，很多人會感到無所適從。直接拒絕會傷到對方的心，若是不加以拒絕，不僅浪費自己的時間，還很有可能因為經不住誘惑而主動購買不需要的商品。

其實，知己知彼，才能夠百戰不殆。要想拒絕街頭推銷，就應該從他們的推銷手段上入手，徹底從根源上斬斷煩惱所在。常見的推銷手段大致有以下幾種：

第一種：溫和型，控制好自己是最終辦法

所謂溫和型，主要是靠店員的極力推薦該產品來讓消費者掏錢，這個方式給消費者留下了較大的自願空間。但其實這些都是商家給消費者設下的陷阱，當面對曉之以理動之以情的誘惑時，很難有人會控制好自己，最後自然會心甘情願鑽進圈套之中。

要拒絕這種柔情攻勢的推銷，最根本的法則就是堅定自己的立場。只買自己需要的東西，只買

自己能夠承擔得起的東西，面對商家的誘惑，不論如何也不能夠改變自己的立場。如果害怕自己做不到這一點的話，可以讓身邊的朋友隨時提醒自己。或許在出門的時候，只帶需要花費的零用錢，以免自己控制不住購物欲望而做出愚蠢的決定。

第二種：免費試用，小心高額免費詐欺

以免費為由欺騙消費者試用之後，又說要收費，不收費就不能走，這是此種推銷模式的典型特徵。消費者往往人單勢孤，迫於形勢的壓力最後不得不選擇妥協。

面對這種情形，一方面要小心提防，切忌貪小便宜吃大虧；另一方面，在不小心被強制消費之後，一定要記得和消保官投訴，以免有更多的人上當受騙。千萬不能有自認倒楣的念頭，否則只是讓騙子更加猖獗。

第三種：強迫購物，大聲拒絕壯氣勢

強迫購物雖不多見，但在一些人潮不多的巷弄最容易出現這種情形。因此，遇到強迫購物時，我們首先不能在心理上輸給對方，即便他們人多勢眾，也要學著給自己壯膽。最好的方法就是大聲拒絕，你的聲音越大，就越有可能引來他人的關注，強迫購物的一方本身從事的就是非法交易，更見不得光。所以，大聲拒絕壯氣勢可以幫助我們從心理層面上占據優勢。心理戰打贏了，剩下的事情就更好解決了。

然而，這一切都是我們選擇的被動保護策略，那麼具體應該怎麼做，才能夠主動迴避街頭強迫推銷呢？

看見有推銷員在強行拉攏路人時，主動繞路而行。如不小心撞上，則一定要狠心拒絕。此時的心太軟，只會造成你的手太軟，最終荷包被對方狠宰一頓。

拒絕別人的時候要裝出趕時間的樣子，如果跟對方說自己在逛街，那對方就會死纏爛打，不拉你進店絕不放你走。

保持主見永遠是最重要的環節。不相信街頭推銷，套用廣告詞來說便是「相信品牌的力量」。沒有商家願意做賠本買賣，所以更不要認為自己走了「狗屎運」。這種情況除了自己是踩到狗屎之外，和運氣絲毫沒有關聯。

騙心善心不等價——拒絕假乞丐的行討

百善孝為先！獨自離開家鄉創業，總是會徒增漂泊之感。遠離故土，一則不能孝順父母，二則無法撫養幼小，因此在看到街頭巷尾或老或小的乞丐時，總是會心生憐憫。畢竟，老吾老以及人之老，幼吾幼以及人之幼，是每一個人都應該秉揚的傳統美德。可是，在你無私奉獻出自己的愛心之時，有沒有想過在這些衣衫襤褸的乞丐背後，其實隱藏著一顆無比狡猾的心思呢？

騙心善心不等價——拒絕假乞丐的行討

【案例追蹤】

趙嵐在放假的時候去購物旅遊了，本以為在知名的自由購物區可以見到許多新鮮有趣的事情，可是一次偶然的施捨，徹底改變了她原有的天真想法。

當趙嵐在經過天橋下的時候，一對行乞的母子意外闖進了她視線。母親披頭散髮，一副許多天沒有盥洗的樣子。再看兒子，趙嵐簡直都無法形容自己第一眼看到他們時的心理狀態。在兒子小小的腦袋上，趙嵐只能模糊看到五官的位置，但是具體五官長得什麼樣子，就再也看不清楚了。在母子蹲坐位置的前面鋪著一張白布，上面用黑色的簽名筆寫著他們的遭遇。

母親今年只有三十歲，而孩子還不到四歲。趙嵐從母子經歷的白布上了解到，只因一場意外的大火，使得母親失去了丈夫，而年幼的孩子再也見不到父親了。那場災難之中，唯一完好無損的就是這個滿面塵垢的母親。不到四歲的孩子在大火之中毀容，看到他如同肉團一樣的腦袋，趙嵐忍不住掉下來幾滴眼淚。

她難以想像，在城市這樣的繁華之地，竟然也會存在著命運如此悲慘的人。從這裡經過的老外紛紛解囊相助，錢的多少並不足以說明問題，只是因為他們都還存留著一顆行善之心。在那些老外的感染之下，趙嵐也急忙從錢包裡面抽出兩張百元紙鈔放到了母子面前的紙盒中。離開之前，她還耐心安慰了母親兩句，告訴她只要有希望，就總會挺過去這段艱難的日子。

可是，令趙嵐感到意外的是，掏錢施捨的人大多是外國的遊客，該城市本地人卻少有人正眼瞧過這對母子二人。「真是世態炎涼啊！」趙嵐不禁感慨的說。

晚上回到飯店的時候，趙嵐還沉浸在當天的善行之中。洗完澡之後，她打開電視機想要放鬆一會，然而一條新聞卻終結了她一天的好心情。

新聞中指出，趙嵐今天接濟的母子二人，其實是假裝行乞來騙取遊客錢財的慣犯。母親有七天的旅遊簽證，而男孩也並不是臉部燒傷。經審問後才得知，那些傷疤竟然是母親親手打出來的。經醫院鑒定，這些傷疤已經是永久性不可恢復的傷殘了。最後處理的結果是，母親被帶返警局扣查，稍後將被立案起訴非法行乞罪和虐待兒童的罪名。

趙嵐看完之後，一個人坐在空蕩蕩的房間裡面，心中很不是滋味。她沒有想到，自己好心行善，到頭來卻成了被騙的那個人。

正在這時，飯店的服務生前來客房服務，他正好也看到了這則新聞。再看趙嵐的表情，服務生立即明白發生的事情。「這兩個人我們已經見過很多次了，每天上下班的時候都會在天橋底下看到他們，甚至附近的街坊鄰居都和他們成了熟人，上當受騙的大多是一些外地遊客。小姐，我勸你啊，以後行善的時候還是應該注意一些。」

趙嵐尷尬笑了笑，她不明白，為什麼自己真心實意做好事，到頭來卻反倒成了被愚弄欺騙的對象呢？

【見招拆招】

其實，像趙嵐這樣的遭遇，在生活之中並不少見。這些假乞丐之所以能夠得逞，一方面是利用人們的善心，用自己殘缺的身體來喚起路人的憐憫之心；另一方面則是我們自己的社會閱歷不夠豐富造成的結果。總以為天底下的事情非黑即白，所以才會一次次上當受騙。因為善心和騙心在生命的天平之上絕對不會等價，所以我們更應該拒絕街頭假乞丐的行討。

【拒絕竅門】

面對這種惡意行乞的行為，我們會掏出自己的錢包，不外乎兩種情況，一是不明真相糊里糊塗就上了當，一是會遇到強行行乞的狀況，礙於面子而不得不花錢買個清淨。不管是哪一種狀況，被我們遇上之後都只能說是破財消災，那麼，怎麼做才能讓這樣的事情不再發生在自己身上呢？

了解真相，不要亂行善

面對第一種狀況，捨得行善的人多半是因為動了憐憫之心。可是，這些看起來不完整的身心障礙者為什麼不去接受社會局的救助呢？為什麼會在街頭對著行人磕頭行乞呢？其背後真正的原因則是不勞而獲所帶來的享受和快感。很多乞丐，白天穿得破破爛爛流浪於街頭巷尾，晚上則會衣著光鮮出沒於各大娛樂場所。如果你常看社會新聞的話，一定對這些騙人的伎倆不陌生。

所以，要學著克制自己的善心，不要看到乞丐就馬上掏出你的血汗錢。如果實在害怕自己忍不住行善的衝動，那就應該選擇繞路，以免自己再次上當受騙。總之，遠離這些乞丐，是明哲保身的最好方式。

行善是自願，莫要他人來強求

遇到第二種情況的時候，一定要記住，行善是每個人的自願行為，不是要受誰的索取或者脅迫。因此，不管那個人在你面前如何涕泗橫流訴說著自己的不幸，一定不要被沖昏頭。從另一個角度來說這無疑是變相的搶劫，於是，敢在光天化日之下公開向你要錢的人，除了劫匪，又多了乞丐這個角色。不要被他人強求你來行善，也才能夠保護自己的善心不被濫用和詐欺。

你有善心，證明了你心存大愛。可是當善心被騙心利用的時候，你的愛也就被邪惡的人當成廉價品任意踐踏，如此一來，行善的意義又何在？因此，在施捨善心的時候，一定要看清被救助的對象，俗話說「救急不救窮」，這本身就是在告誡我們行善應該有明確的目標，而不是被他人牽著鼻子走。

天上不產好餡餅——拒絕地攤便宜貨

你是時尚達人嗎？你了解最近流行的混搭風嗎？現在已經不再流行LV，也不再流行Prada，從地攤上買幾件便宜貨隨便往身上一搭，出來的就是一種新風潮，既省錢又時尚。只是，在羨慕別人的同時，你也敢這麼做嗎？天上不產好餡餅，並不是每個人都是混搭高手。所以，拒絕地攤便宜貨，也是在為自身的形象多做考慮。

【案例追蹤】

肖華週末休息的時候，總是會和好姐妹劉燕一起去逛街。而她們最愛去的地方，不是百貨公司，也不是批發市場，而是每天下班之後途經的天橋底下形成的地攤小夜市。

肖華自稱是個時尚達人，只要今年流行什麼樣款式的衣服，她都會在第一時間弄到手。因此，手頭也總是顯得十分拮据。不知道她從什麼地方探聽到今年又開始流行波希米亞混搭風了，這可把肖華高興壞了。這種混搭風剛一吹過來，肖華就第一個開始上街採購了。並且，讓肖華如此興奮其實還有另外一個原因，那就是這種混搭風不需要多麼高級的布料和新奇的剪裁，只要懂得搭配，任何一件不起眼的衣服都能別有一番特色。

為了省錢，肖華更加離不開每天下班路過的地攤了。而劉燕卻和肖華不一樣，雖然她也追求時尚，但是對於自己沒有天分的事物，劉燕總是保持著小心謹慎的態度。用她自己的話說，那是為了防止自己在外人面前出醜。肖華的意見正好和劉燕相左，雖然本身對色彩搭配也不是很在行，但是她更願意主動去嘗試新事物。所以在對待混搭風這件事情上，兩個人雖然會一起去逛夜市，但多是肖華抱回一大堆衣服，而劉燕頂多只是充當一個幫手的角色而已。

看著肖華每天輾轉於各種各樣的服裝地攤之間搜尋著自己需要的目標，劉燕不禁問道：「肖華，既然你並不懂得搭配，難道就這麼穿出去？不怕別人笑話嗎？」

劉燕的擔心被肖華一句話給破解了。「沒關係的，我去買幾本關於服裝搭配的書，學習一下就會了。」

看到肖華信心滿滿的樣子，劉燕只能選擇沉默。

這些日子以來，每天都看到肖華變換著不同的裝扮出入公司。剛開始的時候，她的打扮確實怪異，但是隨著肖華對混搭風越來越熟悉，她也漸漸走在了時尚前線。公司中更有不少新來的小妹妹把肖華當成了時尚教主來崇拜，紛紛要向她學習取經。

劉燕也最終不得不承認自己當初說的話是錯誤的，甚至連她都開始產生進軍混搭界的念頭了。由於肖華的衣服多半是買地攤貨，所以品質參差不齊。很多衣服洗過幾遍之後，不是縮水了就是褪色，因此肖華當初買下的那些衣服全都成了一次性用品，雖然單價不貴，但若按數量累積起來，實際價格也不菲。

看著整個衣櫃已經無法再穿出去的衣服，肖華不得不歎了口氣。最後只得狠狠心，繼續去買新的衣服，只是這一次，她可不想再成為展示一次性工具的模特兒了，雖然肖華對混搭風的熱情未減，但在劉燕的教導下，她寧願多花點錢買上一件中高等級的衣服，也再不會去買地攤便宜貨了。

【見招拆招】

地攤貨確實有著品牌門市無可比擬的優勢，單單從價格上就吸引人們的眼球。只是，有多少人會去關心地攤貨背後的品質問題呢。拒絕地攤貨，不是單單從遏制我們的消費欲望方面出手，一個人的消費觀念更展現著他自身的品味。因此，想要拒絕地攤便宜貨，也就有了更進一步的理由。天上掉餡餅的事情本來就子虛烏有，更不用提天上會掉下美味可口的好餡餅了。

【拒絕竅門】

想要拒絕地攤便宜貨，其實並非難事。從表面上來說，只是需要改變一下自己的消費方式；但若是從根源入手，就需要你改變自己整個的消費觀念。因此，想要拒絕地攤便宜貨，你必須做到：

目不斜視，「路不拾遺」

地攤便宜貨誘惑的就是那些喜歡貪小便宜的人。因此，最基本的想要拒絕地攤便宜貨，就是在經過該地方的時候選擇匆匆走過，目不斜視奔向自己的目的地。所謂眼不見為淨，只要自己不去關注那些價格低廉且極具誘惑力的商品，眼不見，才能夠做到不為此而心煩。所以，目不斜視，「路不拾遺」是最基本的防禦之法。

考慮品質，關心性價比，而不是只關心價格

買東西的時候，要考慮的最重要一點是什麼？沒錯，是性價比！是產品的價格和品質之間 CP 值比率，單純只考慮一個要素，必將有失偏頗。所以，地攤貨單純只以價格來吸引人的話，並不足以說明其性價比較好。如同肖華一樣，雖然買了便宜貨，但每一件衣服都只穿過一兩次就被迫回收，自己可惜還不算，更心疼的還是扔出去的白花花的銀子。

健康問題才是終極目標

對比起來，你有沒有想過地攤貨如此便宜的理由呢。同樣一件衣服，在品牌門市裡面動輒幾百幾千元，而在地攤上只要幾十元就可以輕鬆買下。除了衣服品質有問題之外，在這些便宜貨的背後很有可能還隱藏著對健康造成極大傷害的無形殺手。想必，你也不會想要把一個殺手買回家吧？

品味決定了等級

如果你一味只知道購買地攤便宜貨，那也就說明了你的品味只限於此。人靠衣裝馬靠鞍，你的消費品味並不是由金錢決定的，而是由你的消費理念掌控著。就像是一個吃慣的臭豆腐的人，很難再會把牛排當做是美味來享受了。

而如何穿衣打扮，不僅僅是你個人喜好的問題，基本上更是展現著你對他人的尊重程度。所以，拒絕地攤便宜貨，既是對自我一種保障，也處處展現著你對他人的重視。只有不斷提升自己的消費品味和消費等級，才能夠幫助自己在事業和人生之中順利展翅高飛。

別被他人牽著鼻子走——拒絕商場服務員的語言誘惑

當我們走進商場購物的時候，大多數人都是隨便逛逛，在看到自己喜歡的東西之後才會決定是不是要購買。也有一些人，一進商場或者超市，就直接前往自己的目標。不論你屬於哪一種情況，不論你在大型或是專賣店裡面購物，總會有商場服務員在為你熱情服務。可是，在微笑的背後，你是否感受到了語言誘惑的力量呢？

【案例追蹤】

金路最近已經挨了老闆好幾回批評了，原因只有一個——他的手機壞了。金路從事進出口貿易，因為和國外時差的原因，他的手機必須保持全天候二十四小時開機，只有這樣才能夠隨時和客戶保持聯繫。正是手機的問題，讓他已經連續損失了好幾筆的生意。所以，老闆才會在公司會議上點名批評他。

沒辦法，雖然自己是個月光族，但手機是日常必備品，金路只能夠省吃儉忍耐再買一支新的手機。然而，平時不怎麼關注這方面資訊的金路，一走進 3C 賣場，當下就傻眼了。在玻璃櫃檯裡面，各式各樣的手機應有盡有，價格也從幾千元到幾萬元不等。這下子，金路開始煩惱了，該買那一款手機好呢？

而且，很多不同牌子的手機功能也大致類似，但是在價格上卻不盡相同。雖然金路也基本懂得幾個手機廠牌，但當他看到一些雜牌手機以超低的價格售賣出多種功能時，自己也不禁心動起來。正當他盤算著口袋裡面的錢應該要買那一款手機上的時候，一個滿面笑容的專櫃小姐走了過來。

「先生，請問有什麼可以幫你的嗎？」專櫃小姐念起了熟悉的開場白。

「我想買一款手機。」金路說道。

專櫃小姐依舊用嫻熟的口吻說：「哦，那先生想要買什麼款式的手機呢？我們店裡面剛剛有一批最新款的智慧型手機到貨，價格也還適中，先生你要不要試一下展示機？」她話音未落，就伸手要幫金路拿展示機。

「還是不用了，我怕我身上帶的錢不夠。」金路略顯尷尬的說。

專櫃小姐愣了一下，馬上明白過來。她隨即對金路說：「先生，要不買一部雜牌的品牌吧。其實，現在的雜牌手機功能都很多，而且價格也不貴。像您經常出差在外，偶爾在車上聽不到手機在響，雜牌機就幫你解決了這樣的問題。它們的鈴聲都很響亮，性價比算起來比任何品牌機都還要高。」專櫃小姐從櫃檯裡面拿出了一部雜牌手機。

「這個廠商不是做冰箱的嗎?他們做手機擅長嗎?」看著某個以生產冰箱的廠商產出的造型別緻的手機，金路心中產生了疑問。

專櫃小姐皺了一下眉頭，隨即很快回答道：「先生，現在都講求橫向發展了。諾基亞以前是做紙漿的，摩托羅拉還是做呼叫器的呢。」

面對專櫃小姐的言語攻勢，金路一時間顯得有些詞窮。

「其實，不只是手機，我們買任何東西都一樣。同樣的價格比品質，同樣的品質比等級，同樣的等級比價格。先生你是生意人，這一點一定比我還要精通。所以，這款雜牌機讓您來用，是再合適不過了。」

抵抗不住這一番語言的誘惑，金路終於決定買下來這款手機。不是他覺得這款手機有多好，而是他實在不知道應該如何去拒絕專櫃小姐的話語。

然而，這款手機僅僅在三個月之後，電池就故障了。當金路找到售後服務的時候，卻發現這根本不在保修範圍。而半年之後，金路的手機連對方說話都已經聽不清楚了，售後服務表示會給金路維修，但手機卻整整修了兩個星期也沒有修好。為了防止因此而造成更大的生意上的損失，他只能忍痛再去買了一部其他品牌的手機。

【見招拆招】

本來只是想買一部普通手機的金路，卻在專櫃小姐的言語推銷下買下了不符合自己要求的商品，可以說最後的結果是賠了夫人又折兵。其實，每個人心中都應該有一把尺，告訴自己真正的需求是什麼。縱然魔高一尺，也始終有道高一丈在制約，切記不要被他人牽著自己的鼻子走。你口袋裡的鈔票在沒有掏出來之前，你永遠處於上帝的角色之中。

【拒絕竅門】

服務員的職責本來是說明消費者認識商品，從而做出正確的選擇。可是，現如今商場裡面的服務員有些採用底薪加獎金的方式聘用。因為底薪只有區區少量薪資，根本無法滿足一個人的正常生活，所以獎金就成為了他們的主要的生活來源。為此，對顧客展開語言上的推銷就成了家常便飯。因此，在逛商場的時候，首要防範是小偷，其次就是賣場的銷售員了。

在加強自我防範的時候，應該做到：

真假貨，一驗便可知？未必！

「我們是正品。接受專櫃驗貨。」這是服務員最常說的一句話。而在商場的大環境之中，這樣的話也只能聽聽，因為你根本找不到可以驗證的地方。況且，服務員本身都不一定分得清楚真假，何況是我們呢？

要知道，酒香不怕巷子深，真品自然不用叫賣。送上門來的，可不一定都是好東西。專櫃人員很多都十問九不知，這種越是強調「接受專櫃驗貨」這句空話的商品，就要特別注意了。

得通路者得天下？沒錯！可通路並不是人人都能夠承擔起的

在銷售業，有一條鐵的行規叫做「得通路者得天下」。也就是說，只要控制住產品流通的通路，讓產品直接從廠商到了消費者手中，這就是最便利的一種銷售方式。「我們的鞋子是直接從廠商進貨，中間省了很多環節，所以價錢優惠。」服務員通常會這麼說。可是，誰做生意不是為了賺錢。廠商直銷也會注重口碑，他們也有行規不能壞了市場。而且，若是一個大品牌的產品，更不可能出現在普通的商場進行廠商直銷。

稍微動一動腦筋，在面對低價陷阱，你還願意自己鑽進圈套之中嗎？

堅守自我忠實的品牌，這叫什麼？忠誠度！

「其實，我覺得你選的這個牌子沒有另一個好，不妨我把另一個牌子拿給你看看。」服務員為了自己能夠從中抽到更多的利潤，往往會誘導消費者放棄原先選好的產品。但是，對你來說，對方推薦的不一定真的適合你，而且你一直以來有著獨有的品牌忠誠度，短時間更換其他的品牌也許會產生更多的不適應。除非你是一個喜歡嘗試不同產品的人，否則在面對服務員的誘惑時，還是應該理性拒絕他的要求，堅守自我忠實的品牌。

拒絕商場服務員的語言誘惑，其實是自我做決定的展現。了解你的人只有自己，難道你就甘心把自己的命運交給一個完全陌生的人掌控，從而被他人牽著鼻子走嗎？

閒話家常不能隨便聊——拒絕在公共場合談及個人隱私

每天上下班的時候，不論是公車還是捷運，總少不了有三五個同事好友一起相伴而行。當車廂裡面充滿了你們閒話家常的笑語時，你有沒有想過其實已經把自己置身在危險之中了呢？是的，即便你在閒話家常，也難以保證是不是隔牆有耳。不能隨便聊，或許你聊的不只是家常，更有到你家親自拜訪的「惡魔」。

【案例追蹤】

本來結婚生子是人生最幸福的事情，可是當王箏生完孩子之後，麻煩事一件接一件找上門來。懷胎十月的王箏在醫院生下一個健健康康的小寶寶，全家人都很高興，老公更是把王箏當成是家裡面的大恩人一樣供養著。飽受懷孕之苦的王箏也終於鬆了一口氣。

在懷孕的時候，王箏不敢打電話，不敢上網，吃東西也十分講究。總之一切對寶寶好的和對寶寶不好的事情，她和老公都注意到了。可以說，為了這個孩子，一家人都操忙了心。然而，在王箏剛剛出院回到家的第二天，接二連三的推銷電話就打來了。

隨後的每週裡，幾乎都有一個陌生電話向她推銷保險，這讓王箏不勝其煩。想來想去，王箏也不明白保險公司怎麼會有自己的電話呢。住院期間，王箏一家人並沒有和外人接觸過，更不要提專門做嬰兒保險的業務員了。

對方自稱是某人壽的銷售經理，儘管王箏直接一口回絕了他，但是對方卻並不死心。「王女士，我建議您還是買一份保險，萬一以後孩子出什麼事情的話，不是有個保障嗎？」

聽到這句話，王箏的火氣都來了。本來剛剛生完孩子，全家人都沉浸在喜悅的氣氛之中，保險公司的人卻說出這樣不吉利的話。「其實，和你一起在醫院生孩子的人，很多都買了我們的保險。」

這一句話讓王箏終於想明白自己的私人資訊是怎麼洩露出去的了。原來，最根本的問題出在醫院方面。在住院期間，因為自己閒得無聊，王箏就經常和照顧自己的小護士閒話家常。從老公的職業到住宅的位置，兩個人幾乎無話不談。而在王箏出院之前，她還把自己的電話號碼給了這個剛剛認識不久的小姐妹，兩個人還相約著等王箏身體恢復之後一起去做美容呢。

可是，雖然王箏把這位小護士當成了姐妹看，但是卻沒有想到在她可愛笑容的背後，竟然完全與各種利益掛鉤。

後來，經過醫院的調查，這件事情確實和這個小護士有關。她在私底下與各種經營嬰兒業務的人有關聯，在向他們提供嬰兒個資之後，小護士便可以從中索取回扣。並且，和王箏有著同樣遭遇的新媽媽們不止一個人。每當推銷嬰兒保險的業務員在電話裡說了十幾分鐘，氣得王箏直接掛斷之後，沒想到對方第二天又會再打過來，這讓王箏的心情壞到了極點。

【見招拆招】

其實王箏不知道，病患個人資訊也屬個人隱私，按照各國不同的法律，有著不同的懲處。

究其最終原因，還是王箏對自己的個人資訊不注意造成的。雖然和他人閒話家常在日常生活之中屬於很正常的事情，但若是和一個陌生人隨便閒話家常，並且毫無顧忌把自己的個人隱私告訴了他，那就已經等於你自己沒有任何祕密可言了。所以，當各種煩人的事件找上你的時候，也就見怪不怪了。

【拒絕竅門】

關係密切、相互信任者之隨意聊些日常生活中的瑣事，謂之「閒話家常」。由這句定義不難看出，閒話家常是親密朋友之間的親密行為。然而，在公共場合隨便閒話家常卻是一種十分危險的行為，而若是和陌生人聊起了家常，更是一種愚蠢的行徑。

所以，為了避免洩露我們的私人資訊，就必須克制自己說閒話的欲望，你可以這樣做：

提防別人不如提防自己

其實，每個人都有傾訴的欲望，不管你承不承認，這多半是由自身的孤獨感造成的。閒話家常其實是和他人拉近關係的最有效法則，畢竟當你付出真心的時候，多半也會換來對方真心相待。然而此時，你是否也同時在心裡面提防著他人，害怕因為洩露隱私而對自己造成傷害呢？

提防別人反倒不如提防自己。當發現自己克制不住傾訴的欲望時，就應該及時轉移注意力。適當吃一點東西，讓你的嘴別閒著。或者找點其他的事情做，只要分心了，就不會把心思放在孤獨感之上了。

不過度強調自我

在日常生活之中，滿腹牢騷的人最容易在閒聊之中洩露個人的資訊。由於這個類型的人很難交到真心的朋友，所以他在談話的時候張口閉口幾乎全是自我。在遇到稍有心機的對象時，你就會口無遮攔把自己的祕密全盤托出。

因此，在與任何人談話的時候，都要學著不過度強調自我。多傾聽，少一點訴說，是最好的拒絕方式。只要你不開口，那禍端就沒有了來源，也就更不可能惹禍上身了。

花點時間認識自己

認識自己，看起來是個很好的辦法。當你覺得無聊的時候，不妨靜下心來好好想想自己的功過得失。一方面避免了因為無聊而和陌生人亂說一通，另一方面還能有效利用時間來面壁思過，從而為未來作出更好的打算。

當然，我們有時候還應該識相一點，當對方表現出反感的氣氛時，切記要趕緊轉移話題。否則，當對方直接拒絕你的時候，面子上的難堪可就是自作自受的結果了。

他不止是「路人甲」——拒絕把電話借給陌生人

每個人都有一副熱心腸，當看到他人有難的時候，本性善良的我們都會主動伸出援手。然而，正是因為我們的善心才導致自己一次次遭到欺騙，所以每個人才會給自己的善良包上厚厚的外衣。

甚至走在人來人往的街頭，連手中的電話都會如同寶貝一樣不會借給陌生人使用。不是你我冷漠，只是借你電話用的那個人真的只是「路人甲」嗎？

【案例追蹤】

這天是清明節，胡磊和妻子和靜一起到墓地給過世的父母掃墓去了。當開車回來的時候，兩人決定趁剩下的半天時間去逛一逛商場。看似平靜的一天，卻在和靜去上洗手間的短短幾分鐘，就發生了重大轉折。

胡磊在電梯門口等著妻子。這時，一個打扮得很時尚的女孩走了過來。她來到胡磊面前，女孩眼睛中含著淚說：「大哥，我剛才逛商場時，手機和錢包都被人偷走了。我能不能借你的電話用一下？」

面對這種情況，胡磊心中首先起了懷疑。但是從這個女孩的打扮來看，他怎麼也無法把她和騙子想成一起。看著可憐兮兮的小女孩在自己面前哭著哀求，胡磊的心終於被說動了。「只是撥個 110，我怎麼能不幫助她呢？」胡磊還在心裡面善意提醒著自己。

「謝謝您，大哥，您真是個好人！」小女孩連忙向胡磊道謝。「說不定現在小偷還沒有走遠呢，大哥您可真是幫了一個大忙。」

胡磊忙說：「別光顧著謝我了，趕緊打電話吧，這個才是最要緊的。」

小女孩點頭稱是。當著胡磊的面，她撥通了 110 報警電話。胡磊心中懸著的一塊大石頭終於落地了。「騙子絕對不會在自己面前撥打 110，所以這個小女孩肯定是真的遇到了麻煩事。」胡磊又一次自我安慰說。

電話接通之後，胡磊明顯可以聽到電話那邊員警說話的聲音。一切看起來都非常正常，這讓胡磊本來還存有的些微戒心完全解除了。然而，在說了兩三句之後，小女孩喂喂了兩聲就掛斷了。「這裡訊號真不好！」她嗔怨了一句，就轉身向旁邊走出了五六步遠的距離，繼續撥打電話。

胡磊並沒有把這件事情放在心上，女孩轉身打電話的動作看起來非常平常，甚至連胡磊自己平時都會經常做出同樣的舉動。在胡磊看來，一切都還在他的可控制範圍內，而且她說的話胡磊都能夠聽的到，所以也就沒有多加警惕。說實話，誰能對這樣一個弱不禁風打扮時尚的美女有戒心呢？

大概兩三分鐘之後，女孩把手機交還給了胡磊。「大哥，實在太謝謝您了，員警一會就到，您真是好人。」胡磊接過手機後，順帶還囑咐了女孩一句：「沒事的，能幫到你最好了，以後要把手機放好了。」

女孩帶著滿意的神情離去，胡磊則繼續留在原地等著妻子。但誰也沒有想到，胡磊這一次熱心幫忙，卻給自己造成了極大的麻煩。

僅僅在兩天之後，妻子和靜的手機上就接到了一條看起來十分奇怪的簡訊。「你丈夫因為和人鬥毆被逮捕了，現在需要匯三萬塊錢才能放人。」接著就是一連串的銀行帳號了。可是，現在丈夫就坐在自己身邊，又怎麼會被逮捕呢？和靜和胡磊面面相覷，不知道發生了什麼事情。對此事沒有過多關注的兩個人，直到第二天才明白事情究竟有多麼嚴重。

第二天一大早，胡磊就接到了好朋友大劉的訊息。「胡哥，錢匯款過去了，趕緊把事情擺平吧，我手上就這三萬現金，都給你匯款過去了，希望能幫上你。」同時，和靜也接到了妹妹的電話：「姐，我姐夫看著挺文弱的一個人，怎麼會犯這樣的糊塗事啊。我現在正在籌錢，你先別著急啊！等銀行一開門我就去匯錢。」

胡磊這才明白，自己是遇上了一直都是「神龍見首不見尾」的詐騙訊息。當天，胡磊和妻子兩個人什麼也做，一整天的時間都在和熱心幫忙的朋友們解釋發生了什麼事情。當胡磊意識到了問題的嚴重性之後，趕緊找到發簡訊的那個電話號碼，但撥過去不是無人接聽就是忙線，發簡訊也不回。

無奈之下，胡磊只得選擇了報警。

【見招拆招】

好心幫人，結果卻被對方騙了。這恐怕是我們拒絕把自己的電話借給別人使用時，心中最真實的想法。否則，還真有可能被人賣了還幫人數錢呢。多一個心機，總歸不是什麼壞事情。況且，在茫茫人海之中，單單從一張臉上又怎麼能夠看出這個人的好壞呢？誰都不是單純的「路人甲」，所以，在遭遇陌生求助的時候，還是應該以巧妙拒絕為上策。

【拒絕竅門】

射人先射馬，擒賊先擒王。在拒絕對方的時候，若是能夠先深入了解了對方的騙術，則必定能夠在對方出招之前將其擊殺。其實，不論再高明的騙子，都有著其共同的規律性。從規律上下手，往往最容易獲得成功。

規律一：假扮弱勢團體——拒絕濫用同情心

騙子一般情況下都喜歡扮演弱勢團體的角色，如女性或者老人，更有一些居心不良的騙子還喜歡用小孩來當誘餌。當他們把你的手機拿到手之後，便會快速用新型的數位設備來複製你的手機號碼。就在你眼皮子底下，個人資訊就已經洩露無疑。

所以，拒絕濫用你的同情心。當有孤寡老人向你借用手機的時候，你可以用自己的手幫他撥出所念出的號碼。一來是提高自己的警惕性防止被騙，二來還能夠保證自己的手機不被不恰當的使用而損壞。相信正常的老人、小孩在遇到熱心人幫忙的時候，都會感動不已，只有騙子才會拒絕你的合理要求。由此，你也就明白應該怎麼樣對待眼前的這個人了。

規律二：假裝事故需要錢——拒絕亂用感情幫他忙

一旦上當受騙之後，騙子會在接下來幾天之內，給你的親朋好友發假訊息。內容就是你出了什麼事故急需用錢，因此需要對方把錢匯款到指定帳號。這是詐騙們最常用的伎倆，所以應該更加小心。拒絕亂用感情，朋友有難，理應兩肋插刀。但是，在拔刀之前，還是應該先問清楚情況。免得最後反倒成了他人借刀殺人的工具。

規律三：人頭銀行帳戶問題多——拒絕給陌生銀行帳號匯款

作案者通常用的都是人頭銀行帳戶，收到幾筆款後就放棄帳號了。因此，在面對來歷不明的銀行帳戶時，千萬要保管好自己的錢財。滑鼠輕輕一點，你的戶頭就變成了空頭支票。這種滋味，恐怕誰都不會覺得好受吧？

然而，有時候也難免遇到真心求助的人，如果你實在分辨不出來的話，就應該建議他們有困難去找警察、社區的警衛等，在那裡他們會得到更好的幫助。又或者，你可以隨身拿出幾張零錢給對方，讓對方去找公用電話。總之，看好你的手機，是出門之後必須要注意的事情。

距離不只產生美——拒絕網路虛假中獎資訊

一部《瘋狂的石頭》電影中的那一幕，幾個人在車上為了一罐中獎的可樂而爭吵不休，最後他們騙人的詭計卻沒有得逞。在爆笑之餘，你是不是反思過自己的身邊是否也發生著同樣的事情呢？當然，現在已經進入了資訊社會，騙子發布的中獎資訊也不再是單純的街頭「雙簧」了。越來越多的人開始利用網路詐騙，例如透過 FB 或 LINE 進行詐騙，而你也許就是他們的下一個目標。

【案例追蹤】

天上果真會掉餡餅？活了四十多歲的尹先生說什麼也不相信這樣的好事情。然而，剛剛學會上網的他，卻在短短兩天時間之內經歷了狂喜到悲傷的巨變。

尹先生從來沒有想過這個方方正正的電腦，會逐漸成為替代人腦工作的工具。等到他意識到應該學一點電腦知識的時候，才忽然發現原來身邊的老朋友們都已經學電腦好多年了。「看來自己真的是跟不上時代了。」尹先生在心裡面嘀咕了兩句。不甘就此認輸的他在過了不惑之年之後，竟然要開始學習電腦。

最基礎的當然就是收發電子郵件、註冊通訊軟體。多年的外貿工作，讓尹先生的通訊軟體在短時間裡成為了眾多商業夥伴爭搶的帳號。

這一天，當尹先生在風平浪靜的網路上愜意上網時，卻意外遭遇了一場「風暴」。有一封標題是「中獎」的電子郵件寄到自己的收件匣裡面。不明就裡的尹先生第一時間打開了信件，連續按一下之後，終於找到了那封中獎的信件。

只見信件上很清楚寫著，某網站最近正在活動，尹先生的信箱正好被系統隨機抽中，只要登錄該網站就能查詢中獎資訊。在點擊了附在文後的連結之後，尹先生看到了一個大大的中獎頁面。頁面上提示，他中了二等獎，是一支旗艦款的智慧型手機。只要他支付百分之十的運費，就能在家等著手機送上門來。並且，網站上還聲稱本次抽獎活動已由政府單位認證。從來不相信天上掉餡餅的尹先生，此刻也被這部旗艦款的智慧型手機迷惑了。一來聽朋友說起過網路上各種騙人的資訊，二來自己卻又禁不住這種免費的誘惑，他心裡面不禁開始蠢蠢欲動。

尹先生不知道自己應不應該相信這樣的好事情會降臨在自己頭上，握著滑鼠的手開始不停的左右滑動。

終於，尹先生做出了決定。為了得到那支手機，他決定支付百分之十的運費。後來，按照螢幕上的服務電話，尹先生撥通了這個號碼。接電話的是一位服務小姐，她開口就先祝賀尹先生中獎，隨後又經過一系列看似嚴格的審查，最後才確定了尹先生中獎資訊的準確性。

得到對方的確認，尹先生心中的一塊石頭才算放下了。他按照對方的要求把百分之十的運費匯款過去後，就在家開始等著好運來臨。然而，一週之後，一位自稱是中獎工作處的人員告訴尹先生他還需要繳納三千元的個人所得稅和保證金。此時，依舊抱有中獎夢想的尹先生又按指示把錢匯到了指定的帳戶。

只是，從此之後，對方就再無音信。

當尹先生把電話打過去的時候，卻從聽筒傳出撥打的電話號碼是空號的語音。這下子，尹先生不知所措了。看著自己辛辛苦苦賺的血汗錢就這樣不見了，尹先生才明白自己原來是被騙了。

【見招拆招】

餡餅還是陷阱，這你可得瞧清楚了。街頭詐騙或許在人們警覺心提高的時候，而變得沒有了用武之地，於是網路和電話簡訊的形式就變成了他們新的聚集地。專門針對網路誕生的新詐騙方式，開始以更加撲朔迷離的色彩出現在你不經意的滑鼠點擊動作之中。或許你只是收到一封電子郵件，或許你只是在無聊的時候打開了一個網址連結，但此時，在不知何地的另一台電腦前面，一雙雙貪婪的眼睛正在盯著你一步步走進陷阱之中。

【拒絕竅門】

網路飛速發展，在帶來了資訊傳遞的便捷性之時，也帶來了更多的不安定因素。因為網路本身的虛擬特點，所以在現實生活之中還有能力去辨別真偽的人們，在虛擬社群之中往往會變得失去方向。

誰也看不到誰，大家之間的信任只能維繫在網路之上。

於是，詐欺和謊言便有了滋生之地。

在拒絕網路詐欺的時候，我們一方面要加強自我防範意識，另一方面還應該讓這種虛假的資訊在你的手裡成為最後的終結。而你所要走的每一步聽起來都非常容易，但做起來卻需要多加用心。

第一步：自我防範是關鍵，陌生連結不要隨便點

如何去辨別自己是不是真的中獎了呢？

首先，問問自己，是不是真的參加了該網站的抽獎活動，如果沒有參加，那最好還是不要抱有僥倖的心理。

其次，如果真的參加過問卷調查，此時就應該核定一下中獎資訊。如果是網站官方的中獎資訊，在聯繫方式中一定會注明是該網站的什麼部門，並且所提供的連結也是你經常上的網站的全址，絕對不會差任何一個字母。此時，眼明心細就很關鍵了。

最後，不論是電子信箱還是即時通訊工具，朋友發過來的連結不要隨便點開，在向朋友確認之後再去打開。否則，很容易讓自己的電腦或手機遭受木馬病毒的侵襲，你的個人資訊便對整個事件的幕後操縱者顯露無疑了。

第二步：巧使「詭計」，設置騙中騙

單純保證自己不被騙，只是明哲保身的策略。想要惠及大眾，還需要我們絞盡腦汁設置騙中騙的迷局。

若對方給你一個金融卡號讓你匯錢，這時先不要急著關掉網頁。打開所給的金融卡號的開戶銀行的網路銀行頁面，在登錄頁面輸入對方給你提供的金融卡號，隨便輸入一個密碼，系統便會告知你密碼錯誤，然後再重來一遍上面的過程。一般來說，金融卡密碼的輸入都有次數限制，當你多次輸入錯誤的時候，該卡號就會自動鎖卡，這一招可以讓騙子本人也領不出錢。

騙子的騙術雖層出不窮，但「莫貪小便宜」、「天上不會掉餡餅」等警語，仍是最有效的防騙「格言」。只要增強防騙意識、不貪意外之財，不被迷信和假象所蒙蔽，騙子行騙的花樣再高超也永遠不會得逞。

你不是大喇叭——拒絕在公共場合大聲喧嘩

大聲喧嘩，顧名思義就是發出很大而且令人感覺不舒服的聲音。在我們的私人空間裡，無論怎樣大聲說話，都是我們個人的自由。然而如果將這種肆無忌憚大聲說話的習慣帶到了公共場合，大聲與其他人交談或是打電話，強迫周圍人聽你的隱私，這不僅打擾別人，又會弄得自己十分尷尬。

誰都不是大喇叭，所以在公共場合，我們都應該拒絕大聲喧嘩。

【案例追蹤】

尚佳最近剛剛升職，而同事周鵬在和尚佳的合作中也付出了極大的努力，可是最終只換來一點獎金，利益上的衝突讓尚佳和周鵬這對好朋友之間產生了嫌隙。為了及時挽救兩人之間的感情危機，尚佳決定請周鵬在家門口剛開的那家餐館吃飯，名義上是老朋友在一塊敘敘舊，實則是為了紓解一下周鵬心中的不快之處。

當兩個人按照約定好的時間在門口見了面之後，便向餐館走去。本來想要找個安靜的包廂兩個人好好談一些事情，可是偏偏不湊巧，時值中午的用餐高峰期，餐館的店面本身就不大，僅有的幾個包廂已經被別人搶先占去了。尚佳看了看時間，若是再選擇其他餐館已經來不及了，無奈之下，兩人只好在大廳的角落處選了一個桌位暫時先坐下來。

本以為，將就一下也就可以了，可是在他們正要點菜的時候，從外面又進來一群學生模樣的人。他們幾個人圍坐在一張大圓桌前面，隨後有一個人把大大的生日蛋糕往桌子上面一放，就開始大聲呼喊著服務員了。

周鵬皺了皺眉，對尚佳說：「糟糕，這頓飯肯定吃不好了！」

看到周鵬往對面瞥了兩眼，尚佳馬上明白了他的意思。「沒事，我們吃我們的，別管他們！服務員，點菜！」尚佳向服務員喊道。

然而，當尚佳和周鵬正要把話題拉入正軌的時候，對面桌子上的吵鬧聲也響了起來。看來，他們已經正式進入了慶賀的主題。不時的乾杯聲和彼此之間大聲喧嘩的聲音讓尚佳和周鵬不知所措，尚佳想要把服務員叫過來讓她示意對方應該注意一下說話音量。可是，在喊了兩三遍之後，服務員依舊沒有聽到自己的呼喚。原來在吃飯的時候，一旦有一桌人大聲喧嘩起來，周邊吃飯的人想要低聲說話就很難聽清楚對方說什麼，所以大家都開始高聲說話的時候，整個餐館裡面幾乎全是一片聲音，服務員更聽不到到底是誰在什麼地方在呼喊自己。

不得已，周鵬親自起身去找了服務員。在說明情況之後，服務員也表示很無奈，她說：「大家來了都是客，我們也沒有辦法去制止對方說話。為了這事，剛才就已經有好幾位顧客提出了反對的意見。可是，我們真的沒有辦法！不少客人在用餐時都大聲說笑甚至是高聲划拳。在用餐高峰期，如果大聲喧嘩的顧客比較多，整個餐館裡都是一片聲音，吵得我們也很頭疼，就更別提其他吃飯的顧客了。可是對於那些大聲喧嘩的顧客，我們也不敢得罪，根本就沒有辦法去制止。」

看著服務員一臉無奈的表情，尚佳也就不好意思再為難她了。兩個人只得繼續高聲說著話，在談到敏感問題的時候，尚佳和周鵬都要回頭看看身邊是否有熟識的人，這讓他們倆有種鬼鬼祟祟的感覺。

總之，這頓飯稀裡糊塗吃完了。雖然兩人之間的感情問題得到了解決，但是這頓飯吃得並不痛快，甚至可以說有些許的尷尬。分別的時候，為了彌補當天的遺憾，尚佳又邀請周鵬改天再一次相聚，周鵬笑著說：「下次可不要在餐館的大廳吃飯了！」

【見招拆招】

在公共場所，每一個人都應該注意自己的言行舉止。因為此時你的一舉一動都有可能引起他人的連鎖反應。在為自己考慮的時候，也要想想別人，這是對別人的尊重，也是對自己的尊重。當所有的人都希望能夠有一個安靜、舒適的環境時，請不要在公共場合大聲喧嘩。

只是，這樣的事情並不是口頭承諾之後就可以做到的，我們往往還需要許多拒絕的竅門。

【拒絕竅門】

在公共場所肆意大聲喧嘩，看起來事情雖小，「危害」卻很大。在公共場所，每一個人都應該注意自己的言行舉止，千萬不要做外表看上去光鮮亮麗，裡子卻毫無素質可言的討厭鬼。想要做大喇叭不是不可以，但也應該分清楚是在什麼場合。如果在安靜的場所大聲喧嘩，那你一定就像是一個惹人取笑的小丑一樣，在眾目睽睽之中黯然收場自己荒唐的表演。

修養或素質並不是一兩天就能夠養成的。想要拒絕成為大喇叭，就應該從身邊一點一滴的小事情做起，從當下開始做起，這才是最需要我們用心去思考和學習的問題。

有事小聲說，以防洩露祕密

有事小聲說，從最自我的一點來講，就是為了防止洩露個人私密。很多人喜歡在餐桌上談事情，而三杯酒下肚之後，難免會情緒激昂，語調漸漸大聲了起來。此時，更應該保持理性。有事小聲說，以防隔牆有耳。這是在吃飯喝酒之前，就應該提醒自己注意的事情。若是自己一旦講到動情之處忘記了這點，那就必須讓對方記得提醒自己。你總不會希望兩個人之間談話的祕密變成公開演講吧？

不做討厭鬼，給他人留下足夠的空間

大聲喧嘩時，也許你過足了說話的癮，可是有沒有想過身邊的其他人呢？例如：坐車的時候你在高聲講電話，而旁邊的乘客卻在睡覺。若是把對方吵醒，雙方都會顯得尷尬。與其如此，倒不如一開始就小聲說話，保持讓對方能夠聽清楚自己說話音量的限度就好，太過則影響周遭的人，不足則會影響自己的談話內容。所以，要學著不做討厭鬼，既留給他人足夠的空間，又可以讓自己的正常談話。

加強自我約束，讓安靜成為一種習慣

一進公共場所，就應該馬上安靜下來，尤其是在圖書館等特別需要安靜的地方。所以，加強自我的約束力就顯得尤為重要。讓安靜成為一種習慣，如一進圖書館手機就要調振動、盡量用訊息代替電話等方式，提前在腦海裡形成這種自我約束的觀念，多提醒自己，讓自己形成一種好習慣。在習慣力量的支配下，約束力也就會顯得更為強大。

有句俗話叫做「入鄉隨俗」，到了某個地方，就應該遵隨當地的習俗，才能融入當地的社會。在公共場合就應該尊重公共場合的秩序，才能展現出公德心。

我不是活地圖——拒絕被陌生人問路

在家靠父母，出門靠朋友。來到陌生的城市，誰沒有迷路的時候？可是，當陌生人向你問路的時候，你會熱心指路嗎？先別著急回答，你有沒有想過僅僅因為自己的一次熱心，從此卻會惹上甩不掉的麻煩？他可不是單純的陌生人，在那雙楚楚可憐的目光背後，有著更深的陰謀和罪惡。你的善良正是他們最容易利用的工具。不要把自己當成活地圖，也許僅僅一次的熱心，就會換來你終生的後悔。

【案例追蹤】

結婚之後，華強和妻子在郊區買了一間房子。雖說離市區遠了一點，但兩個人再也不用為每個月動輒數萬元的房貸擔心了。小夫妻辛辛苦苦幾年之後，終於又買了一輛車。這一次，兩人也不用為了擁擠的公車而煩惱了。

每天，兩人都一起開車到市區上班，下班的時候，華強則會開車繞個彎再把妻子接回來。這樣的日子不知不覺中又過去了三四年，直到兩個人有了孩子之後，妻子才正式「退休」，從此只剩下華強則一個人開車去上班賺錢養家了。

這一天傍晚，一切都和以往沒有什麼兩樣。看著排起長龍的公車站，華強不禁暗自慶幸自己是人生勝利組，看起來還算比較幸福的生活。有車有房有孩子，人生的夢想已經完成大半了。華強情不自禁沉浸在自己的幻想之中。

然而，一名婦人打扮的女人卻打碎了他的美夢。「先生，我向你問個路，好嗎？」婦人敲著窗玻璃，臉色憔悴的說。

華強搖下車窗，一片熱心打算幫助這名婦人。

「先生，我要去這個地方，請問怎麼走呢？」婦人從口袋裡面掏出一張紙，上面寫著一個字跡模糊的地址。

華強接過地址看了一眼，發現那正是自己住的郊區附近。他伸手向窗外指了指說：「看到那邊的公車站了嗎？在這裡等車，坐到終點就可以了。」

婦人無奈回頭看了看，然後又轉過頭對華強說：「大哥，我是外地人，這裡還有好多的行李。你要是順路的話，能不能載我一程。該多少錢，我都和你算清楚。」

看著婦人殷切期望的眼神，華強不免有些心動。其實，華強並沒有太多的擔心。畢竟自己是一個大男人，難道還會被一個農村來的婦女騙嗎？華強沒有多想就隨口答應了婦人的要求。

正當華強想要打開車門幫婦人把行李放到後車箱的時候，一個年齡比婦人稍微大一點的男人走了過來。他和婦人使了一個眼色之後，婦人便湊到了華強跟前說：「大哥，這是我先生，我們是一起過來的。你看能不能……」

華強沒有想到會突然冒出來一個壯男。本來並沒有多想的華強，在面對這樣的局勢時，一時間感到困擾。正當他不知道如何是好的時候，手機響了起來。

華強一看是妻子打來的，忙著走到一旁接起電話。

掛斷電話之後，華強滿臉歉意對婦人說：「不好意思，我臨時有點事情，所以暫時回不去了。我要去接孩子，我看你們還是搭公車吧。」

說完之後，華強上車關上車門就離開了。在關門的那一刻，他隱隱約約聽到了那個男人的叫罵聲，華強從後視鏡裡面看到那一對男女正在衝著自己離去的方向破口大罵。

華強心裡的一塊石頭這才放了下來。他很慶幸自己剛才聽從了妻子的建議，否則若是讓男子和婦人上車之後，那才是真正的引狼入室。

華強最終擺脫了陌生人的糾纏，如果當時換作是你，你會怎麼處理？你敢讓他們上你的車嗎？

【見招拆招】

如果讓陌生人上了車，就有可能遭遇到各種未知的危險。雖說你是一片熱心，本想打算幫助對方，但你永遠不會想到自己卻有可能被反咬一口。這樣的事情雖然不是每天都會發生，但數目也不在少數。所謂不怕一萬就怕萬一，講的就是這樣的道理。「一旦上車，就可能有意外發生。」這是所有選擇拒絕的人最真實的想法，所以要想個切實有效的辦法，才是萬全之策。

【拒絕竅門】

好心幫忙，並且還自掏油錢幫助外地人，然而最後的結果卻是被騙了。一方面，我們不忍心看到外地人的茫然無助的眼神；另一方面，我的不忍之心往往會給自己造成嚴重的後果。在幫與不幫之間，我們究竟應該怎麼樣去做選擇呢？

別和自己太認真，讓對方勤動嘴問問

外地人到一個新的城市，往往不知道該往東南西北哪個方向走。如果你一味告訴對方左轉右轉再左轉，他們最終被你繞暈。所以，既然想幫忙，而自己又沒有辦法幫到底，那就不妨在給對方指路的時候告訴他到下一個路口再找人問問。勤動嘴巴的人，才能少走許多彎路。

能識字打電話，就能夠獨自闖天下

如果你實在不願意親身指路的話，告訴對方去便利商店買一張地圖。這種「帶路」的方式更省去了你許多麻煩。如果實在找不到地圖，就去找警察幫忙。總之，社會上可以求助的方式有許多種，如果他單純咬定了你，你就更需要多加小心。為什麼茫茫人群之中非要上你的車呢？不管這其中有沒有詐騙，多加小心總是比較安全。

作為求助者，拒絕「熱心腸」

在許多網站上有明確的提醒，在面對可疑的陌生人問路時，「切記不要上車帶路，與陌生人的車保持距離，並要記住陌生人的容貌、特徵、車牌號碼、車型及對話的內容。」專家一次次提示我們謹防被綁架、搶劫或詐騙。

當我們轉身變成一名求助者的時候，上面這些你對他人說的自助方式完全可以用在自己身上。如果你的一個簡單求助，就換來了對方無限的熱情，此時應該注意的卻是我們自己了。試想，被載到了一個你完全陌生的地方，到底會發生什麼事情？

誰都不是活地圖，時刻記得鼻子下面的那個部位是用來說話的，只要嘴勤快了，就可以避免出現其他危險的狀況。畢竟，小心才能駛得萬年船。

煉一雙火眼金睛——拒絕潛伏起來的敲詐

社會進步了，人們的思想意識也開始大跨步前進。可雖說是處處設防，但越來越多的隱性敲詐也開始學著潛伏起來，在你不經意的時候給予致命一擊。從而，讓本來打算開開心心消費一場的我們猝不及防，最終的結果也只能是被打得落荒而逃。因此，在不知道是否存在潛伏起來的隱性敲詐時，不妨練就自己的一雙火眼金睛，把所有的妖魔鬼怪都看得原形畢露。

【案例追蹤】

辛辛苦苦工作，好不容易等來了一個連假，劉寧和女朋友商定這一次一定要好好玩個痛快。他們想來想去，最後把出行計畫放在了海南島。趁著北方的秋天剛剛到來之際，抓緊最後一把時間去海南島享受一次夏日的熱情。

於是，兩個人當天就在旅遊團的帶領下搭飛機來到了海南島。

第二天，他們的旅程正式開始。面對著大海，久在都市裡面居住的兩個人心情顯得非常好。整整一個上午的時間，兩個人都玩得不亦樂乎。中午吃飯的時候，導遊告訴他們下午將會安排大家走進民族風情大村莊，去那裡體驗少數民族的風情。

大家當然是心生嚮往了，劉寧還催促著女友趕緊吃飯，好多留出一點時間去民族風情大村莊之中玩個痛快。

果然，在民族風情大村莊之中，大家終於見識到了不一樣的民族風情。看著漂亮的少數民族妹妹穿著豔麗的服裝在迎接遊客們的到來，劉寧的眼神就開始飄忽不定。吃醋的女友狠狠在劉寧的大腿上捏了一把，疼得臉色都變了的劉寧趕緊向女友賠禮道歉。

等大家都已經把各族風情體驗得差不多的時候，導遊用擴音器向大家說道：「各位遊客朋友們，我們這次的民族風情遊的最高潮部分就要到來了。接下來，各位男性朋友有機會體驗黎族的婚嫁風情。來吧，各位新郎官，輪到你們上場了。」

導遊的話音剛落，劉寧和其他幾位男士就被服務員強行帶到了屋子中間。他們被換上了黎族的服裝，然後在一群黎族打扮的笑容可掬的少女們簇擁下進行了一場黎族的婚嫁表演。在整個表演過程之中，劉寧先後完成了對歌、喝交杯酒以及背新娘「入洞房」等多種習俗。整個活動下來，劉寧玩得十分開心。

然而，女友卻在旁邊小小的發起了脾氣。

活動快要結束之際，「新娘們」一改之前的甜言蜜語，開始和「新郎們」談起了價錢。現場的主持人說：「按照當地的風俗，男方本應該在女家做工七七四十九天，所以我們的新郎們也需要向女方交四十九塊的贖身費才可以離開。」

這句話一出，所有參加活動的人都感到震驚不已。不是他們在乎要給服務員們的小費有多少，而是這樣的收費專案大家事先誰都不知道。如果在參加活動之前，能夠提前被告知一聲，或許每個人心中都會有所準備，可是現在將要結束的時候來這麼一招，讓人總是感覺像吃了一悶棍一樣難受。

有的遊客抗議說：「你們提前也沒有聲明要收費啊？我為什麼非要給這四十九塊錢呢？」

這個時候，「新娘們」也不做了。她們紛紛一改剛才的嬌羞之態，圍上來威逼說：「哪有你們這樣的遊客啊，消費了怎麼能不給錢呢？」

因為考慮到還有其他的遊覽項目，所以大家也沒有在這件事情上太去計較，雖然極不情願，但最終不得不乖乖掏出了自己的錢包。另一個更為隱蔽的原因是，遊客大都是出門在外，在人家的地盤上並不敢太過囂張；而且消費糾紛也不是一時半會可以得到解決的問題，大家連假出來玩只是為了放鬆，為此而惹得一身不愉快，就更沒有那個必要了。

等劉寧回到了女友身邊的時候，女友還不忘趁機揶揄他一番。「這下子高興了吧，花錢買笑了！」劉寧哭喪著臉，不知道自己應該說什麼。

【見招拆招】

這是典型的消費陷阱，更是在連假時期的真實案例。面對防不勝防的消費詐欺，是勇敢站起來反抗呢？還是花錢保平安？每一個決定都不是一兩句話就可以說清楚的。所以，不論是逛街購物還是外出旅遊，最關鍵的是一點是要練就一雙火眼金睛，拒絕消費陷阱。

【拒絕竅門】

如今，逛街消費的時候，各種各樣的花招和陷阱越來越多。尤其是在外出旅遊的時候，面對陌生環境和陌生人，自己往往已經深陷陷阱之中了，卻依舊不敢有所作為。當看著信用卡一次次被透支的時候，往往才開始想起並追究這些錢到底花在什麼地方。

這一切，其實都是我們的「完美心理」在作祟。

所以，為了防止自己再次掉進消費陷阱之中，每一人不論是在購物還是出遊的時候都應該注意到：

根據錢包的大小決定自己的立場

本來外出遊玩是為了開心，但如是碰上了消費陷阱，又怎麼開心得起來呢？因此，最直接也最有效的一個方法，就是適量消費。根據自己錢包的承受能力去有選擇購物和參加各種活動，切記不要因為一時興起而忘記了自己實際的承受能力有多大。

不占小便宜，否則吃大虧

別被商家的促銷打折以及其他的種種優惠活動迷惑住雙眼，天下沒有免費的午餐，沒有商家會做虧本的生意。所謂的優惠活動其實早已經為消費者設下了陷阱。千萬不要抱著貪小便宜的心理去消費，商家正是抓住了消費者這樣的心理特點，以低廉的價格先吸引顧客，進而又繼續用「最低折扣」誘惑你不斷加錢。當你心中的如意小算盤打得正美時，對方早就知道顧客的心理了。

貨比三家總沒有錯

不要因為是熟人推薦的就掉以輕心，深思熟慮之後再決定最終的選擇，這是一個明智的人必須要懂的一件事情。同時，我們不應該放過任何一個小細節，畢竟錢在你的口袋裡面，在你沒有掏出來之前，你永遠都是店家的「上帝」。

及時求助，為後來者樹警鐘

一旦受害，立即去找消費者保護會的消保官尋求幫助。不要想著花錢買教訓，雖然我們無法在短時間內得到一個明確的回覆，但消保會總可以想出解決的辦法，哪怕僅僅只是為了給後來者樹立警示，我們的行為也達到了足夠的積極作用。

所以，在掏錢包之前，先練就一雙火眼金睛，才能避免一次次被消費陷阱張開的血盆大口傷害。

第五章　拒絕人生陰雨天

做出一份「鴛鴦鍋」——拒絕把工作和生活混為一談

有一份調查顯示，人的一生中三分之一的時間是在工作之中度過的。也就是說，除了睡覺之外，工作即將要占據我們一半的生活時間。因此，工作就可以被當成是生活的一部分來看待。然而，當你真正把工作和生活混為一談的時候，才會發現在工作的時候你無法專心上班，在休息的時候你無法安心享受，所以的計畫都變得一團亂。這一切，都只是因為你沒有把工作和生活兩者區分開來。

【案例追蹤】

「飯吃不香，覺睡不好，每天都想到工作中的事，越想越煩，越煩越想，真想早點放假，但想到越積越多的工作……」面對即將到來的連假，小文不但沒有心思去考慮到什麼地方玩，反而一回到家就開始嘮叨著自己做不完的工作，這讓丈夫感到很厭煩。

好不容易挨到了連假，老公本來想帶著小文回一趟老家看看父母，順便也散散心。可是小文卻哪裡也不想去，長時間在高壓力的環境下工作，讓小文的身心一直處於透支的狀態之中。這個城市對她來說已經變成了「壓力鍋，小文幾乎沒有任何時間去享受假期，連假別人在休假，自己卻要天天加班。

「工作與生活的平衡？我想都不敢想。總是在加班，有時要到很晚，基本上每天如此，連週末也不例外。」當老公提醒自己需要在工作和生活之中尋找到一個平衡點的時候，小文這樣說道：「就像一個陀螺永遠沒有停歇的時候。我已記不清何時逛街，何時和朋友一起旅遊過，何時睡過好覺、好好吃過飯，甚至連給家裡打電話都由一週一次改成了一月一次，腦子裡工作的弦始終繃得緊緊的。」

所以，連假的時候，即便不用加班，小文也是只想在家睡覺，好好休息放鬆，哪裡都不願意去。

其實，小文和丈夫剛結婚不久，他們的全部積蓄都用來買房子。婆婆著急抱孫子，天天催著兩個人趕快生孩子，可是小文卻一直推脫沒時間。而她更不願意面對的一件事情是，一回到老家婆婆就喋喋不休向自己嘮叨起這件事情。

「都說養家的男人辛苦，可是誰又知道養家的女人不容易呢？」面對每個月的房貸，以及生了孩子之後所需要的種種花費，小文就不寒而慄。

在她看來，如果自己真的生了孩子，當起了家庭主婦，所有的重擔就全壓在了老公一個人的身上，這個家也就必定更加舉步維艱。所以，小文一直在工作和自我的生活之間徘徊著，拿不起放不下。她不知道自己現在究竟應該怎麼辦，究竟應該怎麼做才能夠處理好工作和生活之間的關係，只是每一天她都會覺得疲累至極。

晚上睡覺的時候，小文一遍遍告誡自己在第二天清晨需要有一個好心情。可是當再次睜開眼睛時，籠罩在她心頭的依舊只有迷茫，看不到絲毫陽光。

【見招拆招】

在日漸增大的社會壓力下，每一個人都應該學會去釋放壓力，把工作和生活兩者區分開來，才能在繁忙的工作之中尋求到一份心靈上的安寧。尤其是身在職場，一邊要面對老闆和客戶的雙重壓榨，另一邊面還要費盡心機去算計生活之中的雞毛蒜皮。此時，職場人士更應該學著去調整自己的心態和節奏，用樂觀的態度來看問題，學著給自己煲一份「鴛鴦鍋」。

【拒絕竅門】

隨著現代生活節奏越來越快，人們也越來越容易產生心理問題。研究表明，解決工作和生活之間的平衡問題，已經成為處理精神壓力的關鍵所在。因此，這就需要我們每一個人做到愛生活愛工作，不是單純的工作狂，也不是要當一個純粹的享樂主義者。只有工作好了物質生活才有保障，而只有生活順暢了才能有一個更好的心情去工作。

某大學社會學系于教授說：「任何減壓方式都是對過度沉重、緊張的工作和生活的一種調整，是一次短暫的『逃離』，只要能得到自己需要的那部分就可以了。」因此，想要把工作和生活區分開我們就需要做到：

自己的時間自己掌控

合理安排自己的時間並不像說起這麼容易。尤其現在社會中的職業人員總是會把成功定義為「職場上的成功、家庭的和諧、子女的健康發展」，想要實現三者之間的和諧，就更需要掌控好自己的時間表。工作的時候，不為私事分心；與家人相處的時候，完全忘卻工作的煩惱。不管做什麼事情，都要學著去一心一意的對待，至少我們每一個人都需要保持一份積極向上的心態。

生孩子這件事情，急不得也拖不得

就像是要制定工作計畫一樣，生孩子這件事情也應該出現在自己的人生列表之上。如此一來，才能讓所有的事情都在未來幾年之中有計畫的發生，而不會因為每一次意外的變故而擾亂自己所有還沒有來得及實現的想法。並且，孩子出生之後，在教育和培養方面，更需要大量的資本投入，所以這是一件急不得也拖不得的事情。

學著緩解各方面的壓力

壓力大了，自然要緩解。不要把辦公室中和家庭之中的所有問題都一個人背著，你不是救世主王牌天神，充其量也只能算是一個「冒牌天神」。所以，自己背負如此大的壓力的原因基本上是由自我造成的，正是因為自己給自己不斷施壓，產生過勞，最終累垮了自己。

多參加一些戶外健身活動，多與家人溝通，多與上司溝通，都是緩解壓力的行之有效的方法。時常想一想自己是一個什麼樣的人，如果是重視家庭型的，就多些時間陪家人；如果是事業型的，就多些時間在工作上。魚和熊掌總是很難兼得，不要因為自己選擇了一樣失去另一樣而後悔，一腳踏兩船的生活只能讓自己承受雙方面的壓力。

學做一份「鴛鴦鍋」，最根本的一點還在於尋找生活和事業之間的平衡點。能夠在兩個方面都有長足的發展，才是我們最想要看到的結果。記住一點，人活一世，一定要活得開心，不管是在工作中，還是在生活中，心態一定要好，開開心心走過一生才是關鍵所在。

讓自己「宅」出花樣來——拒絕單一無聊的生活方式

把自己「宅」起來，這句話越來越成為部分蝸居的人週末的選擇了。不想逛街，不想消費，不想聚餐，只想要在週末睡一個大覺，然後在網路上消耗一個個看似極其普通的週末。然而，時間一長，當你也開始覺得這樣的生活方式實在單調無聊的時候，你真的有勇氣去突破這個現狀嗎？

【案例追蹤】

宋書從小就是一個乖乖女，不善和人交往的她在平常休假的時候總是喜歡把自己一個人「宅」在家中。每次在電視上看到公車、捷運裡面人擠人的場面時，宋書總是很慶幸自己從來沒有在放假的時候出去玩，否則一整天的時間都用來排隊人擠人了，那樣的旅遊又有什麼樂趣呢？

因為工作的原因，宋書常年待在都市，一年之中也只回老家一兩次。但每次回去的時候，母親總會嘮叨著孩子年紀不小了，應該找個男朋友了。宋書總是一笑置之，其實並不是她不想，只是在北漂的日子，並沒有他人想得那麼好過。尤其是到了週末的時候，自己又不願意出門，接觸異性的機會也比較少，所以宋書把這件事就此擱置了起來。

在宋書看來，長假出門，與其把多半天的時間浪費在坐車和排隊之上，反倒不如在家裡面舒舒服服，想做什麼做什麼。所以，每次週末或者放假的時候，宋書哪裡都不想去，不是窩在床上看一天的電影，就是心血來潮做一點自己愛吃的小甜點。這樣的生活過得倒也十分愜意。

宅在家的時間長了，宋書也開始漸漸發現其中存在的種種不足。

有一天，有一個朋友來拜訪，兩人一見面，朋友就大呼小叫說：「哎呀，宋書，你怎麼變得這麼胖了呢？」

一句話，讓宋書尷尬到不行。想想也是，自己在家沒事的時候，就整天研究怎麼吃，不然就在床上看電影。雖然享了口福，但因為長久不運動，所以體重也開始直線上升。看著自己一天天加粗的腰圍，宋書頗感到一陣無奈。

這只是她意識到的一方面，當在網路打開通訊軟體時，看著昔日的朋友們宋書這才突然想起來，自己已經很多天沒有和朋友們聚會過了，甚至彼此之間連個電話都沒有。宋書直覺意識到，身邊的朋友們正在一個個遠離自己。

而且，長時間處於單一的環境之中，這讓宋書的情緒也總是徘徊在一種極端狀態之中。因為生活之中沒有他人的影子，所以她幾乎是活在一個完全自我的狀態中。沒有人交流，生氣了高興了也沒有人知曉，漸漸的宋書覺得自己似乎變成了「與世隔絕」，對待任何事情都是一種不冷不熱的態度。

現在，宋書也開始越來越害怕自己的這種狀態了。她急切地想要改變，但卻不知道應該從什麼地方著手。

【見招拆招】

「宅男」一詞最早來自於日本漫畫《電車男》，後來又延伸出了同類詞「宅女」。宅男、宅女開始是指痴迷於某事物、足不出戶、依賴電腦、網路、動漫、電玩等的一群年輕人。當「宅」越來越變成一種流行的生活態度時，「宅」的危害性也就越來越明顯。長時間宅在家裡面，難免會出現情緒上的問題。所以，想要拒絕單一無聊的生活方式，就要我們在家「宅」出花樣來。

【拒絕竅門】

「宅男宅女族」是指透過互聯網工作平台進行工作、購物、學習的一個龐大的群體。長時間面對互聯網，不但會在生理上出現各種問題，更難以察覺和治癒的疾病還隱藏在心理之中。因此，想要做一個御宅族，首先需要學會去調整自己的心態，讓自己「宅」出花樣來。因為，做「宅」組，我們同樣需要把自己特色標榜出來。

標榜一：不是宅男宅女，而是魚乾男魚乾女

什麼是宅男宅女，如果僅僅是把待在家中做一份自由業當做是「宅」的標準，那麼你就徹底OUT了。即便是宅男宅女，也應該有屬於自己的生活。所以，我們要做的是魚乾男和魚乾女，而不僅僅是把自己局限在一個「宅」字上。

魚乾男和魚乾女遠離著愛情，是宅男宅女的另一種境界，也是最COOL的生活方式之一。宅在家中，不必打扮精緻，但也絕不是蓬頭垢面，喜歡自己、善待自己，才是魚乾男和魚乾女的真諦所在。其實宅在家，也照樣可以活出自己。

標榜二：愛情不是奢侈品，掌握心得，一樣可以遙控

其實，不單單是愛情，對未來的美好希望或者渴望已久的成功，對宅在家中的人來說都不是奢侈品。要來的始終會來，急也急不來，然而與其守候還不如主動出擊。不論是網路調情，還是視頻戀愛，只要心懷一份美好就永遠有任何可能性產生。

因為，我們每一個人都需要相信 Mr.Right 的存在，但同時，也不應該會拒絕與 Mr.Wrong 們分享人生的種種樂趣。

標榜三：足不出戶，一樣鍛鍊身體

其實，情緒出現問題的時候，多半的根源來自於生理上。宅在家的時候，千萬不能忘記一些簡單有效的鍛鍊方法。電視、電腦、手機迷要注意不要用眼過度，及時調整自己的坐姿，保證足夠的休息時間。而對瞌睡一族來說，睡覺過多會打亂身體的生理時鐘，反而會更容易導致失眠等睡眠障礙，從而帶來不可避免的焦慮、恐懼等情緒問題。

標榜四：哥不寂寞，有寂寞陪著哥

宅在家中，難免會產生與世隔絕的想法。因此，當你感覺寂寞的時候，就需要找個伴了。養一兩隻寵物，或者在屋子裡面放置一些具有吸引力的植物，讓自己的空虛時間有所寄託，這才是排遣寂寞心情的良藥。不要把寂寞當成自己的唯一伴侶，否則就會變成一個真正的「寂寞族」了。

其實，宅在家中並不是什麼壞事，關鍵是我們要找到調整自己的方法。也許，只要一點點的小改變，就能夠讓自己單調的生活變得豐富多彩起來。想要「宅」出特色，只需要那麼一點小心思，就可以讓生活不一樣。

一口吃不成胖子——拒絕盲目吹噓自己

很多人都愛面子，所以也就難免會在他人面前稍稍吹噓自己一番。然而，一個瘦皮猴無論如何也是一口吃不成胖猴子的。盲目吹噓只會把自己變成一個短命的氣球，當你越飛越高的時候，才會發現原來自己早已經無從依附，只能夠順著風吹的方向獨自飄零，只能接受因為受不了外界的壓力而爆破的唯一結果，最終給自己留下一副殘破的軀體。

【案例追蹤】

作為銷售界的新人，李威威顯得很不自信。她剛從大學畢業，雖然自己的專業和銷售並不相關，但現在工作實在難找，李威威又不願意就這麼簡單離開自己已經待了四年的城市。她強迫說服自己，想要在這裡堅持下來，就必須先生存下來。在連續兩個月工作都沒有著落之後，李威威決定去銷售行業試一試。畢竟，這個行業對新人的需求量比較大，並且還沒有學歷和經驗的限制，只要自己用心，說不定就能夠開創出一片新天地。

李威威進入的是一家保險公司。在她上班第一天，就被公司派去到一家大型汽車公司去推銷企業保險。沒有任何經驗的李威威自然吃了敗仗，這時，李威威的主管劉總走到她面前，細心安慰起這個出師不利的女孩。

「當初，我剛進公司的時候，也是處處受挫。」劉總回憶起自己的過往。「其實，你應該相信自己，這個世界上沒有什麼我們做不成的事情，關鍵是看你有沒有勇氣和能力去嘗試一下。威威啊，我給你講一個祕訣，在去推銷之前，先做好各種應急準備，告訴自己在遇到什麼樣的狀況時應該做出什麼反應。總之，只要對方不把你趕出門，你就賴著不走。我就不相信，這個世界上還有不動心的磐石。」

一口吃不成胖子——拒絕盲目吹噓自己

劉總說起這些話的時候，顯得信心十足並且意氣風發。然而，李威威卻覺察出了其中的虛假。隨後，劉總提出要親自帶李威威去現場，他要給這個小丫頭做一個好榜樣。

一路上，劉總不斷講述著自己曾經創造了多麼輝煌的業績，這麼一個小的汽車公司根本就不在話下。當他們見到了汽車公司的老闆時，劉總一開口就說自己的保險公司多麼有保障，放眼業界沒有可以與之相比的。能夠和自己合作，對方的利益絕對有保證。然而，對方卻對劉總的自我吹噓不置可否，而是冷冰冰扔下一句話：「這樣的方案，無論你制訂多少都沒用，因為我們公司從不購買保險。」

一句話，就把劉總的萬語千言給噎了回來。看著劉總臉上一陣紅一陣白，李威威也感覺到十分不好意思。最後的結果依然是不歡而散，臨別的時候劉總嘴裡面似乎還咒罵了兩句。李威威苦笑了一下，完全當做自己沒有聽見。

然而，公司規定的任務自己還得完成。沒辦法，她繼續硬著頭皮去汽車公司繼續和對方「盧」著。然而，當初劉總在對方面前大肆吹噓自己，這早已經令對方十分反感。最後，李威威的任務依舊沒有完成。而所有的黑鍋只能由她一個人來背，劉總依然在自己的寶座上笑傲風聲，只有自己這麼一個無辜的人黯然離開了公司。

【見招拆招】

其實，作為銷售新人的李威威，吃到「閉門羹」是很正常的事情。只不過，這並不是由自己的錯誤造成的黑鍋，最後卻要她來背，不免會有些氣惱。舉一反三，想想我們自身，是不是也存在著同樣的盲目吹噓的毛病。說得嚴重一點，這樣的習慣將會讓你的銷售事業提前終結。或許，這並不是你的本意，但已然造成了這樣的結果，悔恨當初又有什麼實際意義呢？

【拒絕竅門】

盲目吹噓自己，是自大心態的表現。美國紐約執業心理醫生張源俠稱，「適度自大」和我們常說的驕傲或自大並不相同，驕傲或自大是人類的一種本能反應，也就是我們常說的沒有自知之明，是不良的情緒體驗。而適度自大則不同，在歐美則被歸於積極心理學的範疇。

因此，在遇到事情的時候，如何才能夠讓自己保持在適度自大的範疇之中呢？

永遠保證自己腳不離地，客觀實際才是一切的基礎

吹噓自己的人，往往喜歡拋開現實談各種花俏的空想。因此，這種自大也就變成是一種脫離實際的盲目自信。想要克服這個缺點，就需要我們在說任何話做任何事情之前，都先要考慮到客觀實際，能夠做多少才說多少，而不是眼高手低，把自己的能力無限制放大，最後導致一切都成了空想。

保持禮貌和謙遜的態度

缺少禮貌的人，是最不受他人歡迎的人。沒有謙遜的品格，只會在人前一味吹噓自己，反倒會顯得自己小家子氣。盲目自大，雖然會暫時騙得他人的信任，但最終會使自我的名譽受損。從眼下來看，盲目自大會限制一時的發展，從長遠來看，盲目自大還很有可能會斷送了自己的前程。因此，保持禮貌和謙遜的態度，待人多一份和氣，必定是長遠的可持續發展的最好選擇。

沒有誰真正了不起，能賺錢吃飯才是真本事

吹噓自己，其實是想要把自己放在一個了不起的位置之上供他人瞻仰。而最認為自己了不起的人，往往卻是生活之中最平凡的人。因為太過於自大，所以才看不到別人的優點和自己的缺點，從而高估了自己而低估了別人。其實，並沒有誰是真正了不起的人，只有賺到錢吃到飯才算是真本事。只爭口舌之強，永遠不會達到任何實際意義。如此，還不如把這些時間用於創造財富呢！

然而，當人一點自大都沒有了的時候，在面對現實時，他就永遠不敢對自己的能力做出更高的評估，因而在參與社會競爭時往往會缺乏足夠的自信。人需要一點自大精神，但任何事情都需要有「度」的限制，不足和太過都不是最好的選擇。

你不是「泡沫經濟」——拒絕過度貶低自身

什麼是「泡沫經濟」？雖然外表看起來華麗無比，但只要有一點點外力的作用，就會破碎掉。原因就在於這些泡泡沒有支撐自己的內在元素。只是，你真的是「泡沫經濟」嗎？看看鏡子中的自己，自己現在所擁有的一切都是靠著辛苦打拚賺來的，沒有哪一樣事物是單純靠運氣砸到自己的頭上得到的。所以，不要過度貶低自己的價值。相信自己有足夠的理由來享受今天的一切，只有你才是自己生活的主宰者。

【案例追蹤】

當他高中畢業時，從一個只有數萬人的小城市考進了大城市的學校。儘管這在當地是人人都豔羨的一件事情，可是成績優異的他在剛剛走進大城市之後，就遭到了莫大的打擊。

「你是從哪裡來的呢？」同學問道。

這句話，也是他自從大學以來最不想聽到的問話。在他看來，自己出生於不知名的小城市，並且從小也沒有受到過正規教育，身上透露出來的小家子氣怎麼可能和大城市裡，從小就見過大世面的同學相互比較呢？在他的觀念裡覺得，自己肯定會被這些大城市的同學瞧不起。

就因為這種莫須有的自卑感，他整整一個學期都不敢主動和班上的女同學說話。甚至在學期結束的時候，很多同班的女生都還不認識他。在自卑心理的驅使下，每次需要照相的時候，他都會潛意識戴上一個大墨鏡，以此來掩飾內心之中的恐慌。

然而現在，他卻是電視台著名的節目主持人，他經常對著電視觀眾侃侃而談，他主持節目時給人印象最深的特點就是從容自信。

再來看另一位電視台主持人的故事。

當年，她也在大城市的大學。只是，大部分時間裡，她都不願意和同學們一起出去玩樂。她在十八歲的時候照的一張照片中，自己的模樣看起來好似已經三十多歲的中年婦女。她的每一天都是在自卑之中度過，在她少女的內心之中，總是會認為同學們都會在暗地之中嘲諷自己，嫌棄自己的身材太過於肥胖。

她從來不穿裙子，上體育課是她最尷尬的時候。大學快要結束了，她卻差點沒有畢業，不是因為功課太差，而是她死都不願意在全班同學面前參加長跑體育測試。當時，老師給她加油鼓勵說：「只要你跑了，不管多慢，都算你及格。」可是脾氣倔強的她就是不跑，她害怕自己肥胖的身體和愚笨的行動引來大家的嘲笑。並且，她連向老師解釋這個原因的勇氣都沒有。

在一次電視節目上，她對他說：「要是那時候我們是同學，可能是永遠都不會說話的一對。你會認為，人家是大城市裡的女孩，怎麼會瞧得起我呢？而我則會想，人家長得那麼帥，怎麼會瞧得上我呢。」

她後來的成功，完全沒有依靠外貌，她全憑自己的才華一步步走上了人生的巔峰。她是一個從自卑陰影之中走向成功的典型案例。

【見招拆招】

自卑的人總是會放掉最後的一點成功機會。其實，我們何必讓自己生活在一片可憐和怨恨之中呢？克服自卑感，因為我們不是「泡沫經濟」，我們在憑著自己的努力打拼一點一點積存著美好的未來。沒有什麼理由可以讓自己不快樂，每一次遇到的挫折，都像是累積力量一樣，促使我們奔跑著邁向迎面而來的春天。

【拒絕敲門】

有首詩寫道：「微笑是疲倦者的休息，沮喪者的白天，悲傷者的陽光，大自然的最佳營養。」告別自卑，告別貶低自己的時代，學著去微笑面對生活，才是快樂的源泉。而想要逃離自卑，在我們平常的一些小動作裡面就可以輕易得到改變。

挑最前面的位置坐，因為我才是焦點

不論是在何種形式的聚會之中，還是在需要用心聽講的課堂之上，有一個很奇怪的現象就是大家紛紛爭搶著後排的座位。其實，這種刻意使自己看起來「不顯眼」的過程，反倒證實了自己的信心不足。想要克服自卑感，就要主動去挑選前排的座位坐，保持一種敢為人先的精神，敢於將自己置身於眾目睽睽之下。當這種行為逐漸演化成一種習慣的時候，自卑也就慢慢變成了自信。

睜大自己的眼睛，要學著去正視別人

自卑的人在和他人說話的時候，總是喜歡低頭看著腳下。眼睛是心靈的窗戶，你若不敢去正視他人的眼睛，也就相當於主動把自己的心靈之窗關上了，從而又怎麼能夠得到切實有效的交流呢？睜大眼睛去正視別人，眼神可以折射出一個人的性格，透出眼睛的交流透露出來的微妙資訊，可以徹底驅走心中的陰暗。當我們打開了心靈的窗戶，陽光也就照射了進來。

學著在他人面前微笑

微笑，是友好的象徵。學著在他人面前微笑，也就是讓自己在和他人交流的時候，先保持一份和藹的態度，這是給自己增加自信的最好方法。試著笑一下，不僅馬上能化解對方的敵對情緒，對方對你的好感還能夠讓你的自信變得滿滿的。

同時，平時走路時要昂首闊步、給自己創造更多的機會當眾發言等小改變，都能夠達到明顯的成效。拒絕過度貶低自己，一方面需要我們正確的認識自身，另一方面則要求自己時時鍛鍊和補充自信心。對生活採取開放的態度，培養自己各方面的愛好，以充實空虛的生活。重新調整自己的期望值，客觀去面對自己，更多加去注意自我的優點所在。當看到因為自己的努力而促使某一件事情收到一份滿意的結果時，自卑的陰影才會逐漸散去，從而讓心中充滿陽光。

穩定自己的情緒天平——拒絕受不良情緒的困擾

情緒有好有壞，在每個人的身體裡面，都有一副情緒天平。我們需要做的事情就是保持這架天平的平衡性，不讓他偏向任何一邊，或者是更多偏向好的一邊。拒絕因為兩邊的負重不一而導致天平顫顫巍巍不穩定的情況產生。穩定自己的情緒天平，拒絕受大起大落情緒的困擾。真正管理好自己的情緒，不但有益身心健康，而且在提高自我功能的基礎上又能使工作的效能提高。

【案例追蹤】

安然結婚了，雖然她覺得自己還是一個小女生，但是在公公婆婆的催促下，她和老公結婚了。自小就沒有主見的安然順理成章做了全職太太，很顯然，她並不想要在事業上有多大的發展，有一個疼自己的老公，過兩年再生一個可愛的寶寶，這對安然來說已經是生活的全部了。

然而，結婚之後，安然才發現一切並不像她想得那麼簡單。婚後，安然和婆婆、公公生活在一起。雖然自己和老公在日常生活上不用操太多的心，而且婆媳兩個人也從來沒有吵過一次嘴，但這並不代表自己和婆婆之間沒有矛盾。膽小懦弱的安然生氣的時候，也不會在理直氣壯的婆婆面前有絲毫的顯露。可是事後，她卻會為這樣的事情煩心許久。習慣了一切聽別人指揮的安然，不知道自己應該怎麼樣去向老公表達內心的感受。以至於在一下班回到家，安然的心就會莫名緊張起來。這樣的壞情緒，已經讓安然到了幾乎崩潰的邊緣。

安然雖然明知道這樣的情緒是不對的，但又完全控制不了。時間一長，無法承受巨大壓力的安然開始亂發脾氣。

老公因為工作的原因，總是早出晚歸，辛苦是自然的，同時對安然的關心也就沒有那麼多。然而，當老公回家的時候，他總是習慣責怪安然沒有把家裡整理乾淨，此時安然心裡更加的煩躁。不過，老公也只是隨口一說，並沒有把這件事情放在心上，他怎麼也沒想到安然會因為這句無心話而大發雷霆。平時看起來嬌小可愛的妻子怎麼會發這麼大的脾氣呢？

有時候，安然脾氣發得大了，還經常把家裡養的一隻小狗嚇得到處亂竄。其實，在她心裡，自己也很清楚老公的好，但就是控制不了產生這樣的壞情緒。面對婆媳之間的壓力，安然又不好意思說出太過分的話，因此她的滿腔怒火也只能發洩到老公身上了。

【見招拆招】

其實，安然遇到的問題，是很典型的婆媳問題。但由此而引發出來的一連串情緒上的問題，則是安然之前沒有想到的。婆媳關係雖然是造成心理壓力的根源，但只要安然學會了積極調整自己的情緒天平，不僅能夠處理好情緒上的問題，更可以進一步緩解婆媳之間的矛盾。學會同理心，主動進行心理自救，對安然來說才是拒絕不良情緒困擾的解決之道。

【拒絕竅門】

紓解情緒的方法有很多，不論是大哭一場還是找到三五好友痛訴一番，都可以在一定程度上緩解內心的不良情緒。紓解情緒的目的是要給自己一個重新理清思路看問題的機會，從而才讓我們有更多勇氣去面對現實並解決相關問題。只要學會了控制情緒的天平，你就能夠控制情緒，而不是讓情緒來控制你！

因此，想要拒絕不良情緒來困擾自己，就需要做到：

重塑自己的性格特徵，完整表達心聲

受到不良情緒的困擾，一般來說都是因為我們在性格上存在著某些缺陷。正如同安然懦弱的性格一樣，在遇到強勢的婆婆時，才會顯得手足無措。因此，在意識到自己存在某些性格缺陷的時候，應該學著積極主動去改變和調整。塑造出一個良好的性格特徵，才可以合理安排生活，真正和他人進行良好的溝通，順利表達出自己的心聲。

學會同理心，多思考他人的角色問題

同理心，就是要求自己盡可能多站在地方的立場去考慮問題。不論問題的對或者錯究竟出在誰的身上，正是該問題本身而成了我們不良情緒的產生。因此，站在對方的角度去考慮問題，讓自己站在對立面去看待自己當下的所作所為，往往可以體驗到一種恍然大悟的感覺。這個「悟」，就是悟出了自己為什麼會因此而發火，想明白之後，火氣自然也就退下去了。

多溝通，從來都不是壞事情

受不良情緒困擾的人，往往不願意和他人正常溝通。要麼是不說話，要麼一說話就大喊大叫，因此這很難保證彼此之間能夠透過和解的方式去處理問題。產生的人際障礙，直接導致了誤會的產生。因此多溝通，並且要細心、耐心、誠心去和對方溝通，說出自己的煩惱所在。對方能夠幫忙最好，倘若幫不了忙，也能夠達到紓解自我情緒的作用。

勤於自省，時時觀察自己的情緒

勤於自省，一方面是要注意自己的言行有沒有差錯之處，另一方面是要學著去主動關心自己的情緒問題。時時提醒自己，問自己「我現在的情緒是什麼」，當感覺到有一絲不對頭的時候，可以隨時隨地進行調整。這是鼓勵自己正視負面情緒的方法，只有首先我們正視了它，才能夠鼓起勇氣去消滅不良情緒對自己的影響。

穩定我們自己的情緒天平，常常需要有一副「變臉」的本事。隨著不同的環境去調整自己的心情，不正是在複雜的社會之中尋得一份快樂的根本嗎？要了解，無論自己的情緒究竟有多壞，都需要學會去化解，否則受傷的永遠只能是自己。

不建「豆腐渣工程」——拒絕不切實際的幻想

豆腐渣工程？是的，不要讓自己的夢想變成豆腐渣工程。在都市裡面生活，每個人都有著獨屬於自己的一份色彩繽紛的夢想，但夢想始終是要靠實際行動來實現的。因此，拒絕給自己一些不切實際的幻想，拒絕去思考那些即便拼盡了全力也無法實現的目標。否則，我們只會在邁向成功的道路上受盡挫折，而永遠看不到光明和希望所在。不建「豆腐渣工程」，是對自己負責的態度，這更加有利於我們自己在生活之中尋找到滿足感和幸福感。

【案例追蹤】

張靜之所以嫁給陳俊，完全因為她太愛他了。這看起來是一個無可爭辯的理由，然而在張靜看來，愛他就要占有他，所以她才會迫不及待想要和陳俊結婚，她害怕有一天自己會突然失去他，所以才想到用婚姻的鎖鍊緊緊把他栓在自己身邊。

然而，婚後的生活並不像張靜當初預想的那般充滿幸福。

因為太在乎，所以也就太害怕失去。儘管兩個人已經結婚了，但是張靜卻依舊憂心忡忡。她規定老公回家的時間表，每天晚上七點過後如果陳俊還沒有到家，張靜就會坐立不安。「是不是陳俊遇到什麼危險的事情了？」這是張靜腦海裡的預先想法，而隨後一個更可怕的念頭竄了出來，「難道老公在外面有別的女人了？」

直到等到陳俊發來訊息告訴她自己在加班的時候，張靜才停止了毫無根由的幻想。然而，她依舊不敢太相信老公所說的話。在她看來，老公一定是背著自己偷偷和別的女人出去約會了。看偶像劇太多的張靜相信這樣的事情很有可能就在自己身邊發生，想來想去，她決定搭計程車到老公的公司親自去查看一下。

等她走到燈火通明的公司門口時，才真的相信了陳俊說的話。此時，恰巧陳俊從公司出來上洗手間，見到前來探望虛實的張靜時，陳俊被她這個突然造訪深感迷惑，連張靜自己都感覺尷尬不已。

於是，多疑的她決定給陳俊生個孩子，或許用這樣的方式就更能夠拴住他的心。

等兩人得知張靜已經有孕在身的時候，自然都十分高興。但善於幻想的張靜看著自己一天天大起來的肚子，心中又開始了許多幻想，過度的妊娠反應讓張靜身上出現多處浮腫，顧不上自己難受，張靜在陳俊回到家之後要做的第一件事情就是檢查他的錢包和電話。

這讓陳俊有時候都忍不住想笑，他問妻子：「難道你就真的認為我有那麼大的魅力去招惹其他的女人？」

張靜回答說：「我現在懷孕了，等我生完孩子以後，就成了人老珠黃的黃臉婆了，你對我的興趣肯定會大大減少。所以，我就不得不防著你做出出軌的事情來。」

本來，陳俊想要極力反駁她的幻想之詞，但細細想來，老婆一則有孕在身不能生氣，二來這也是她的本性，自己多說反倒無益，於是就只能順其自然。然而，陳俊害怕的是，或許有一天張靜不切實際的幻想真的會導致兩個人的愛情走到絕路上。這是他最不想看到的結果，但同時也許將會是不可避免的事情。

【見招拆招】

幻想很多時候是一個美好的事情，它是我們在歷經了生活的艱辛之後，用來得以暫時解脫身心的過程。然而，幻想終歸只是幻想，我們需要做的是用實際行動來解決生活中遇到的種種問題，而不是依靠著不切實際的幻想過活。況且，如同張靜一般喜歡胡思亂想的人，最終的結果只會毀掉自己的生活。放棄不切實際的幻想，不給我們的生活建造「豆腐渣工程」，是對自己和朋友、家人最負責的態度的展現。

【拒絕竅門】

喜歡幻想的人，往往更容易感情用事。他們花了比常人更多的精力在幻想之上，因此，在面對現實問題的時候，也總是會顯得不知所措。可越是不敢果斷下決定，也就越想要逃離現實，回到自己不切實際幻想中去。

因此，想要拒絕不切實際的幻想，就必須斬釘截鐵對「豆腐渣工程」說不。告訴自己，實際行動所能夠帶來的意義要遠遠大於幻想，所以，還是停止無休止的幻想吧，真正行動起來，才是我們應該做的事情。

學習是不間斷的一個過程，活到老，就應該學到老

擁有廣博的知識和豐富的經驗是一件好事情，這就需要我們平時不間斷學習新的東西。正是因為掌握了足夠多的知識，才能使自己站在更為客觀的角度去思考問題，從而才能避免因為胡思亂想

而給自己帶來的情緒困擾。並且，在面對同一件事情時，只有知識面夠廣才能足智多謀，孤陋寡聞的人，只會慢慢導致智力枯竭。

幻想並不是不允許，而是要有客觀依據

有客觀依據的幻想，其實更應該稱之為夢想或者對未來的計畫。這樣的幻想是對未來的美好憧憬，因此才會顯得色彩繽紛。只有依託於客觀現實，不是單純去空想，而是在現實基礎之上一步步鋪陳開來的有步驟有計畫的「施工方案」。才不會讓自己親手打造的精彩人生變成一場豆腐渣工程。

適當做決定，拒絕冒失和武斷

喜歡幻想的人，往往會因為現實之中的不順心，從而武斷做出一些不太明智的選擇。因此，這就更加需要我們學著去克制住自己，拒絕冒失和武斷，在遇到問題的時候多一份理智和謀略，從多種不同的角度去考慮同一個問題，才能得到最理想的生存方式。

拒絕不切實際的幻想，最根本的一點還在於我們對於自己生活的認知度

因為看到比自己好的人，所以才會對他人的生活充滿幻想。可是，在我們看不到的另一面，他們一樣有著自己的煩惱。家家有本難念的經，只有自己的生活才是我們能夠親手去改造的，行動起來，才可以讓每一次美麗的幻想都變成現實。

人生是條單行道——拒絕猶豫不決

站在十字路口，總會猶豫不決。但倘若人生只是一條單行道，當你不必再去為該選擇哪個方向而煩惱的時候，剩下的事情就是義無反顧前行。拒絕各種各樣的藉口，告訴自己，是時候應該行動起來了。猶豫，只會讓壞事情變得更壞，卻從來沒有辦法把一件事情變得更好。所以，少一些廢話時間，趕緊用雙手去創造屬於自己的美好未來吧。

【案例追蹤】

一個哲學家說過：「任何猶豫不決的愛情都是不道德的。」

蕾蕾現在就陷入了這樣的困境。有一份不錯工作的蕾蕾已經到了適婚的年齡，眼看著自己馬上就變成了三十歲的剩女，家人和朋友們也都紛紛想盡辦法來給蕾蕾介紹男朋友。就在不久之前，蕾蕾在好友的慫恿下，和朱友軍見面了。然而，心高氣傲的蕾蕾卻並沒有把這個男人看在眼中。在蕾蕾看來，朱友軍的學歷和工作都達不到她的要求，但是他對蕾蕾的一腔熱情，讓心如止水的蕾蕾又泛起了那麼一點漣漪。

最後，蕾蕾動心了，她提出只要朱友軍能夠提高一下自己的工作職位，兩個人也許就有繼續發展下去的可能。老實的朱友軍為了滿足蕾蕾這個願望，狠狠心拿出了幾萬元作為打通人際的費用，然而最後卻不但事情沒有辦成，所有的錢也都浪費了。

看著朱友軍實在無奈，蕾蕾的心也一下子軟了。她明白，朱友軍是個好人，現實也不是他一己之力就可以改變的，所以她也就勉強同意了兩人之間的交往。然而，讓蕾蕾意想不到的事情是，當他勸朱友軍在平時應多多學習的時候，他的工作時間卻變成了三班制輪班。這麼一來，朱友軍不但沒有時間去進修學習，甚至連陪蕾蕾逛街的時間都變得少得可憐。

蕾蕾是碩士畢業，論學習、論工作、論資質，都比朱友軍高一大截。但蕾蕾並不計較這些，只要朱友軍真心對她好，她就知足了。可是每一次看到朱友軍不知上進的樣子，蕾蕾真的很後悔當初的決定。兩個人為了能夠比翼雙飛，蕾蕾幾次三番逼著朱友軍在職進修，然而每一次都會把場面鬧得不歡而散。有時候，蕾蕾把朱友軍實在逼急了，他就會吼出可怕的「分手」兩個字。

為了這份感情，蕾蕾寧願守候著他繼續奮鬥，只要朱友軍給自己一點希望就可以了。每一次吵架之後，朱友軍都會用甜言蜜語把蕾蕾再一次哄開心。可是這麼長時間的感情，讓蕾蕾感覺到的不是快樂，而是一種沉重的包袱。她不嫌棄朱友軍，而是她不甘心自己從此就變成為一個家庭主婦。但轉過身再想一想，已經二十八歲的自己還有多少青春可以揮霍呢？

蕾蕾本來就不是果斷的人，尤其是現在遇到了這樣的事情，是分開還是繼續廝守這份感情，這讓她在夜深人靜的時候以最折磨人的方式煩惱睡去。

現在，蕾蕾覺得，他們之間的愛情使她在感情和理性間苦苦掙扎著，好像永遠沒有撥雲見日的時候。

【見招拆招】

走在人生的十字路口，蕾蕾已經陷入了迷茫。她的現狀，完全是由自己猶豫不決的性格造成的。

人生是條單行道——拒絕猶豫不決

如果愛他，就義無反顧和他在一起；如果不愛他，當初就應該快刀斬亂麻一般結束這一份並不太合適的感情。越是猶豫不決，就越會把原本安寧的生活攪拌成混濁的水。其實，人生是條單行道，我們所能夠做的永遠都是一直向前，告別猶豫不決的心態，才會拾取回自己應有的生活。

【拒絕竅門】

猶豫總是讓我們走進死胡同。當自己剛剛決定要做一件事情的時候，因為本身的意志不堅定，才往往會受到其他因素的影響，最後反倒不知道應該怎麼做了。所以，想要拒絕猶豫不決，就要在一份新的觀念給自己腦力激盪之前，及時把所有的想法都付諸實際行動。當下一種念想來襲的時候，給自己武裝上盔甲，有效阻擋猶豫不決現象再次出現。

應該堅定立場，用自己的價值觀去做導向

我們應該如何做，應該完全依賴於自己的價值取向。當你在兩個選擇之間難以抉擇的時候，就需要作出一個機警的判斷。此時，不妨把每一個選擇的理由一字排開列在紙上，從中選擇出你最需要的一個條款，然後去選擇其所屬於的方向就可以了。這也許不是最簡單的或者最現實的，但確是最適合你的方法。對你來說，最重要的事情就是做好的選擇。

相信直覺，這幾乎就是正確的判斷

相信你的直覺，並不是說做選擇之前不經過任何理智的判斷。而是在你雖然經歷了深思熟慮但

卻依舊無法作出一個恰當選擇的時候，那就不妨相信自己的第一直覺，從最本真的自我出發。因為直覺往往代表著內心深處不易被我們察覺的潛意識，所以，相信直覺，就等於相信自己的內心，這幾乎就是最正確的判斷和選擇。

放寬心，沒有什麼了不起

之所以會猶豫不決，是因為我們太過注重於某件事情的結果，害怕因為自己的一次錯誤決定而造成更多的錯誤。但是，即便產生了錯誤又能怎麼樣呢？車到山前必有路，出現了錯誤我們就一定可以想出應對錯誤的方法。所以，放寬心去做自己最喜歡的選擇，只要你用心做好了每一件事情，就一定會獲得一個好的結果，更不會因此而後悔了。

堅持理性分析

不讓猶豫不決壞了自己大事情的最好辦法就是，始終堅持理性分析當下所遇到的種種難題。耐心把每一種選擇的對與錯分列出來，對比之下才會發現另一個的優劣之處。只不過，這是一個純理性的思維過程，任何感情因素都會使整件事情變得撲朔迷離。因此，堅持理性分析，正是有效遏制自己感情用事的最好方式。

尊重你所懷疑和猶豫的事情

能夠讓你對當下的選擇產生懷疑並猶豫的事情，必定有它站得住腳的地方。所以，尊重它們，是理性分析現狀的延續。當面對選擇的時候，很多人本能的會選擇逃避。我們不要做「膽小鬼」，只有尊重並且主動去釋疑，才可以分辨清楚自己究竟是對還是錯，也算是為自己留出了另一種可以全身而退的選擇。

不管人生是單行道還是充滿了各種十字路口，只要我們用心走好每一步，生活一定會變得與眾不同起來。最關鍵的一點，是要拒絕猶豫不決，做自己最喜歡的決定，做自己最擅長的事情，從而才能獲得夢想已久的成功。

找準射箭的靶心——拒絕盲目，缺少行動目標

射箭之前，先要找到目標，才有可能射中靶心。若是隨手就搭弓上箭，恐怕不但射不中目標，甚至還會射到靶外的尷尬狀況。而在做任何事情之前，都需要有明確的行動目標，拒絕盲目，拒絕說「我也不知道應該怎麼辦」。這是你的自己的事情，若你都不知道應該怎麼做的話，別人即便想要幫忙，也只能乾著急而無處下手。

【案例追蹤】

多年未見的朋友相聚時，談笑間總會發現彼此都少了許多年輕時的朝氣和銳氣，取而代之的是更多的迷惘和沉默。也許僅僅就在數年之前，每個人的胸中都還熊熊燃燒著想要照亮全世界的熱情夢想，可是現在，能夠立足於眼前的一方天地就已經實屬不易。

到底是歲月改變了人，還是在社會上謀生的艱難擊垮了表面堅強實則脆弱的自己。

這恐怕是眾多畢業之後重新聚首的朋友們心中最多的感慨，其實，就像蒙田曾經說過的一樣：「沒有一定的目標，智慧就會喪失；哪裡都是目標，哪裡就都沒有目標。」

王晌也明白這樣的道理，只是現在已經步入了中年，自己也已由當初那個意氣風發的小夥子，變成上有老下有小的男子漢。他的人生不容許現在的自己再有一點閃失，所以即便他還胸懷著曾經的夢想，但已經沒有再去實現夢想的氣力了。

王晌之所以會發出這麼多感慨，一方面是想要抒發一下自己的理想豪情，另一方面則是因為公司最近在招聘的時候，作為人力資源部門的主管，他見到了太多的失敗案例，甚至在面試的時候他都想要提醒這些人應該怎麼樣回答考官的問題。

他清楚記得有一次面試從大學應屆畢業的女生，王晌看了看她的履歷，發現其專業和公司要招聘的職位完全不同。於是，他就問道：「你學的專業和我們要招聘的職位並沒有什麼關聯，那麼是什麼原因讓你做出這個選擇呢？」

女生怯怯回答說：「我媽媽說，這個職位比較有前途。」

王晌點了點頭表示明白，現在的父母都是恨鐵不成鋼，總是對子女們的私事干涉太多。他並不介意女生的這個回答，於是繼續問：「那麼你的想法呢？」

「啊！」女生微微吃驚說：「我沒什麼想法，如果能應徵上，我媽媽一定會很高興的。」

王晌搖了搖頭，歎口氣說：「孩子，你還沒有弄明白究竟是自己要做這份工作，還是你媽媽要做這份工作，我想，你還是先回去考慮清楚吧。」

這件事情過後，王眴第二天就向公司總部提出申請，他想要給員工們上一次培訓課程，目的就是培養每個人的行動目標。在培訓課上，王眴說：「有什麼樣的目標，就有什麼樣的人生。這是真諦，也是無數人證明過的公理。對於一個正在發展中的人來說，你今天站在哪個位置並不重要，但你下一步邁向哪個方向卻很關鍵。」

台下一片掌聲。

王眴還專門把前一天面試的女生請了過來，他希望透過這一次培訓課，可以給這位即將步入社會的畢業生敲響警鐘。

【見招拆招】

沒有人可以延長生命的長度，但是在有限的生命之中，我們卻可以無限制拓寬生命的廣度。拒絕盲目，拒絕沒有明確目的的行動，不論我們現在所處的地位有多麼卑微，也不管自己當下賴以為生的工作需要多麼艱苦的付出，只要每一個人都目標明確，努力下去，就有成功的希望。

【拒絕竅門】

成功學大師卡耐基曾經得出了一個驚人的結論。他對世界上一萬個不同種族、年齡、性別的人進行過一次關於人生目標的調查，結果顯示，只有百分之三的人有明確的目標，並且知道怎麼樣做才能夠把該目標落到實處。而這百分之三的人，在十年之後都在各自的領域取得了相當矚目的成功。

其實，在成功人士和平庸之輩之間，唯一的差別就在於自己有沒有明確的目標。想要拒絕盲目，拒絕沒有目標的窮忙，就需要在日常中給自己上幾課。

第一課：你認識你自己嗎？

每天照鏡子時，捫心自問，你真的認識自己嗎？就像是那個經典的「斯芬克斯之謎」一樣，人的一生始終處於不斷的變化之中，所以想要客觀、全面認識自己，並不是一件容易的事情。想要全面認識自己，就需要從形象氣質、性格特點、興趣愛好、專業技能、知識水準等各個方面的下手。身為一名職業人員，更為重要的是如何去評價自己在職場中的地位，以及自我區別於其他職場人員的優勢在哪裡？職場中的哪個位置更適合你我的發展？

時時考慮，勤於反省，才是認知自己的唯一途徑。

第二課：你認識周遭的環境嗎？

這並不是說你認不認識回家的路，而是指你能夠清楚從複雜的環境之中分辨出來自己究竟想要什麼嗎？在正確認識了自己以後，是否就可以更好實現個人職業發展呢？答案顯然是否定的，環境永遠都有著巨大的影響作用。認清環境，需要我們不斷問自己，哪個行業更適合我？這個行業在整個經濟環境的制約下其發展前景如何？什麼樣的企業文化才能夠獲得我的認同，使我工作時更加愉快？這其實是把自己和環境化為一體的過程，也是從眾多目標之中尋找到射箭的靶心的過程。

第三課：你認識「靶心」嗎？

或許，靶心並不難找，關鍵的問題是我們真的認識「靶心」嗎？尋找自己和當前工作環境的最佳結合點，才能夠把手中的箭準確無誤射中靶心。只有找到了自己和職場發展的結合點，才能夠真正融入到行業之中，從而展現出自己的最大價值。

人在職場，需要找到自己的「靶心」，在生活之中，又何嘗不是如此呢？每個人的心中都有一個夢想，我們都曾經為了這個夢想奮鬥過或者正在奮鬥著，但在前進的道路上，我們總會迷失方向。時刻切記，選中自己的靶心，只要每天進步一點點，就終有突破成功的機遇出現。拒絕盲目，才能夠實現自我的人生理想

誰是你的「鬧鐘」——拒絕懶惰和拖延

從小就被教育要今日事今日畢，可是，我們卻往往喜歡把事情拖到最後一秒鐘。正是因為自身的惰性，才讓拖延的習慣成為浪費生命的一大凶手。古羅馬皇帝在臨終時給羅馬人留下這樣一句遺言：「懶惰是一種藉口，勤奮工作吧！」這也是羅馬人能夠征服世界的寶典。拒絕懶惰和拖延，給自己設置一個「鬧鐘」，時時提醒自己，是時候該把這件事情完成了，不要再讓今天的任務變成明天的負擔。

【案例追蹤】

因為做事情總是喜歡拖到最後，王志在朋友們口中有一個很「娘」的稱號。甚至連他自己都為此而感到很不好意思，一個大男人做事情沒有一點雷厲風行的氣勢，反倒像個小女孩一樣總是拖拖拉拉，因為這個壞毛病他還被老闆批評了好幾回。

然而，這樣的壞習慣也不是在一兩天之內就可以改掉的。王志曾經無數次下決心要改掉拖延的毛病，但總是以失敗告終。

其實，這和他的成長經歷是密不可分的。等王志真正意識到自己做事情總是往後拖延是一種不好的習慣時，他已經身在大學的象牙塔中了。正是因為脫離了高中老師如同保姆一般的管束，突然之間變成絕對自由身的王志就開始被自己的壞毛病牽著鼻子走了。

在剛進入大學的時候，他給自己立下了許多值得奮鬥的目標，但大多都因為缺乏動力而最後選擇了放棄。即便教授安排的作業，王志卻更想待在宿舍上網。瀏覽各種影音或小說及文章，或者是玩一些遊戲，但他從來不想去碰一下書本或者專業文獻。每一次，都是到了第二天就要完成作業的時候，他才會把別人的報告借過來隨便抄一抄。大學雖然算是輕輕鬆鬆度過了，但當畢業的時候，王志才忽然間發現自己已經離當初的理想越來越遠了。

其實，王志也明白，自己有今天這樣的後果，一方面是因為惰性十足，做事情總是喜歡拖延，另一方面是自己沒有十足的信心去改變這個現狀。以至於到了現在，他依舊把這樣的習慣帶進了工作之中。

其實，王志對自己的要求並不高，他也沒有太高的、不切實際的期望，但正是因為自己的懶惰，因為自己不懂得未雨綢繆，所以才總是在最後的時間把自己弄得一片狼狽。甚至有時候，他不得不奢求著老闆能夠多給自己幾天的時間去完成任務。為此，王志鬱悶不已。但自己這樣的性格，想要改變，也真的難上加難。

【見招拆招】

沒有人喜歡拖延，沒有人會把懶惰當成是一種好習慣，但很多人卻在染上了這個壞毛病之後不知道應該怎麼樣做才能戒除。從根本上說，這是因為自己不懂得如何有條理去規劃手頭上的任務，從而因為貪圖一時的娛樂而無止境往後拖延現有的任務。更可怕的是，很多喜歡拖延的人甚至很享受在一陣沒頭沒腦的忙碌之後的放鬆快感。由此，類似王志的情況，才會一遍又一遍發生在我們身上。

【拒絕竅門】

每當因為拖延而無法完成任務時，人們似乎更喜歡用傾向於完美主義這樣的藉口來掩飾自己的懶惰。事實上，不管做什麼事情，都像是一場馬拉松比賽，如果一開始就因為自己的惰性而沒有全力以赴，那麼在距離別人很遠之後你再起步去追，最後即便我們拼盡了全力，也難以趕上前面的競爭對手。

所以，拒絕懶惰和拖延，就需要從一開始的時候就給自己樹立明確的目標。心中明確自己究竟想要什麼，不要過多去關注終點，也不去想別人正在做什麼，只需看著自己的腳下盡力奔跑，一點一點去實現最後的理想。

因此，拒絕懶惰，我們也應該給自己樹立下幾個必須要實現的目標。

目標一：化零為整，只求實現小目標

別對自己的能力想得過於自信，也別想一步登天。把大目標切割成一個個容易實現的小目標，化整為零再化零為整，一個一個目標去實現它。串點成線，最後你就會發現自己已經輕易完成了這項任務。「管它呢，我先跑過這個小土丘再說。」這是最好的一種心靈慰藉，你只需要在今天完成這麼一個小小的目標，明天及以後的事情等明天來臨了再去考慮。等完成所有的任務之後，你就會發現，原來自己並不是最慢的，甚至做出來的成績還相當不錯。

目標二：自我克制，削弱心理滿足感

既然只需要完成當下的小目標，那就需要我們更關注當下的自我狀態，滿足當下的需求。當然，這並不等於說只專注於我們自己腦子裡面的各種情緒和想法。從心理學角度來說，過於關注自己一時的情緒是不懂得推遲滿足感的表現。而我們卻會因為獲得滿足感，而做出推遲工作轉身去享受娛樂的錯誤行為。所以，要學著克制自己，不要過於奢求滿足自己一時的心理需求。

但同時，滿足感的降低也會影響工作的進程，所以還是應該把握好這其中「度」的問題。凡事皆為過猶不及，在此道理是一樣的。

目標三：不走思維迷宮，把思想扯成一條直線

在看書的時候，很多人都常有「剛才看了好幾頁卻不知道講了些什麼」的神遊體驗。這就表明自己的思維在無意識之中陷入了迷宮之中，自己走不出來，才會讓思想不受我們控制。因此，一旦發覺自己出現了「神遊」狀態，不妨站起身來去做其他的事情。讓情緒得到一些緩和，再回來做這件事。如此就等於你在同一個時間做了兩件不同的事情，並且還讓思維得到了轉換和休息，這是一舉兩得的事情。

其實，想要戰勝拖延，追根究柢是要改變自己的思維方式。雖然並不容易，但也不是絕對不可

能的事情。你可以時時給自己一點心理暗示，告訴自己「我今天要完成……」、「等我做完這一小步就可以……」等等，給自己一個希望和期待，既能讓你順利完成任務，也可以更好去享受任務完成之後的愉悅心情。

「螳臂當車」不可行——拒絕只考慮自身的問題

不論是在工作還是在日常生活之中，我們說話辦事都不能只考慮自己。每個人都是社會中一個真實存在著的實體，只考慮自己，只會給他人留下壞印象。想要「螳臂當車」，想要以己之力去撼動萬丈大樹，無疑是自尋死路。拒絕只考慮自身的問題，把自己融入到團隊之中，把自己和朋友的關係和諧起來，才能夠做到團體合作的最佳效果。

【案例追蹤】

「商海很殘酷，情感有時候形同虛設，稍有不慎你就會掉進陷阱中，而且還是朋友挖的陷阱。」這是一位導演在接受採訪時說的話。

王麗麗現在就掉進了這樣一個陷阱之中。

年初的時候，王麗麗的主管問她是否有空餘的時間去參加公司另一個專案的執行。王麗麗本來想拒絕主管的，但主管說現在就差一個程式設計師。而且在 IT 行業有著明顯的陽盛陰衰跡象，王麗麗又是一個難得的優秀程式設計師，參加到案子之中一定可以達到調整氛圍的作用。礙不過主管的百般請求，王麗麗看看自己並不算太緊的時間，便答應了主管的邀請。

其實，當時王麗麗的手頭上並沒有太多的專案。本來多接手一個專案，就可以多賺一些外快，可是直到現在王麗麗才發現，自己當初的想法到底有多麼單純！

這個案子做到現在，王麗麗已經沒有一點心思再繼續下去了。當然，她也有著自己的原因：一方面，在自己的本職工作上，有一個新的大專案，王麗麗一時間分身乏術；另一方面，在自己插手的這個專案中，一些成員的做法讓她很反感，因此王麗麗不願意在這樣的環境中再苦熬下去了。但是換個角度想想，自己退出之後必定會增加其他成員的工作量，如果真的強行退出，這會讓王麗麗背上一個自私自利的罵名。

想來想去不知道應該怎麼做的王麗麗，決定向主管徵詢一下意見。或許，主管能夠幫自己想出一個兩全之策。

當王麗麗說出自己想法的時候，主管的臉色馬上陰沉下來。「麗麗，我們當初可是有簽合約的，你中途說不做了，這不是讓我陷入兩難嗎？」

王麗麗自知理虧，但是為了能夠從中脫身，面對主管的批評她也不好說什麼。

「真的不能留下來了？」主管似乎對王麗麗不死心。

王麗麗固執的搖了搖頭。

主管終於板起臉來說：「好吧，既然你這麼無情，那也不能怪我無意了。我們按照合約的規定，如果你中途離開了，是一塊錢也拿不到的。」

「螳臂當車」不可行——拒絕只考慮自身的問題

「可是，我……」王麗麗剛想為自己辯解兩句，主管就拿起手機大聲講起電話來了。王麗麗無奈的離開主管的辦公室。她滿肚子的委屈，不知道應該找誰去訴說。自己想到了他人的利益，沒有只顧自己的想法而強行退出，可是主管這麼做也太不近人情了。

難道真的是自己自私自利嗎？王麗麗一遍又一遍的問著自己。

【見招拆招】

明眼人都能看出來，王麗麗確實為身邊的同事們著想了，可是她卻掉進了主管預先設好的陷阱之中。不是王麗麗只考慮自己的問題，而是主管！他只顧著自己的專案，卻根本就沒有想過去關心一下王麗麗的想法。這樣的主管一定不會得民心的，王麗麗雖然損失了個人的報酬，但卻因此而認清楚一個人，值不值自有公論。拒絕只考慮自身的利益，是一個人為自己也為他人周全考慮的權宜之計。把自己放到團隊之中，才能更好去實現自我的價值並且獲得本屬於自己的利益。

【拒絕竅門】

小心眼的人最讓人瞧不起，男人就應該心胸寬廣，女人就應該知書達禮，若是只知道一味去考慮自身的利益，遲早會走到聰明反被聰明誤的地步，最後因為一點點的小利益而毀掉大好的前程。

不過，在我們責怪他人只為自己著想之前，還是應該先考慮一下自己，看看自己是否也是一樣自私自利。不要罵了半天，結果卻發現天下烏鴉一般黑。

想要拒絕只為自己著想，最根本的還是應該從轉變態度做起。

第一態度：在想自己的時候，也適當想想他人人是社會性的動物，所以在我們只為自己考慮的時候，必定會傷害到他人的利益。因此，如何做到不自私，取決於你怎麼去看待自己和朋友、家人、同事之間的關係。一個自私的人，是不會得到他人尊重的，你也會因為自己的這個壞毛病而和所有人站到了對立面。如此，為了貪圖占一點小便宜，最後卻造成了得不償失的結果。

第二態度：同理心，從他人的角度想自己

在生活之中，很多情況下都需要我們同理心去思考問題。而想要做到不自私自利，僅僅站在對方的立場上去考慮問題還遠遠不夠，這更加需要我們能夠從對方的角度去看自己。這等於說，讓自己站在一個旁觀者的位置去看待自己做的每一件事情，當局者迷旁觀者清，自己的對錯藉由這個方式一眼就能夠看個清楚。

第三態度：凡事都有一體兩面，看開一點才會活得更開心

然而，在保證自己不會出現自私自利行為的時候，我們卻依然無法保證他人也能夠做到不是只考慮自身的利益。多想想自己的問題，凡事都具有一體兩面，不管是遇到了好或者不好的決定，都應該看開一點。你可以在心底說：「自私是人的天性，更何況是老闆，這些沒必要計較」，或者「自私是因為他是老闆」。把自己遭遇到的事情當成常態化去處理的時候，你才會明白，既然無法改變的事情，那就不妨去接受它，環境無法改變就改變心態，這也是快樂生活的理念之一。

只要記得時時調整自己的心態，多為別人著想，至於別人會不會也同樣為我們著想，那就不是你我之力所能及的事情了。但要相信，好人終會有好報，當你付出百分百的真心時，也一定可以收

回百分百的誠心相待。

別讓自己很受傷——拒絕給自己樹敵

人在江湖，哪有不挨刀的道理呢？面對江湖中風風雨雨，有點志氣的人都想要做個獨孤求敗之類的武林高手。可是，當你開始覺得「會當凌絕頂」時，你也就發現，原來全世界都成了自己的「敵人」。想要獨自玩轉這個世界，並不是那麼容易的事情。每個人都有三五個知己好友，但同時每個人也都有和自己過不去的死對頭。想要做到不給自己樹敵，談何容易？

【案例追蹤】

張翰和吳芊芊差不多同時期進這家公司，在外人看來，這一男一女兩個新人可以算是同門的師兄妹了，但張翰卻坦言說自己和吳芊芊並不熟，兩人之間除了工作程序上的一些往來之外，並沒有太多私交。

並且，兩個人在性格上也存在著很大的差異。張翰屬於性格比較開朗的那種人，雖然是一個新人，但他很快就和公司裡的同事們熟絡起來。而吳芊芊雖然人長得漂亮，但卻是一個冰山美人。在張翰和吳芊芊不多幾次的見面中，吳芊芊總是皺著眉頭，一副多愁善感的樣子。張翰出於關心，便問吳芊芊遇到了什麼不開心的事情，自己是否能夠幫得上忙。吳芊芊反而冷冷瞪了張翰一眼，不識相的拒絕了他的好心。

正是因為兩個人性格上的差異，所以同時期進公司的張翰和吳芊芊在過了試用期之後，彼此之間的待遇也出現兩極化的差異。由於張翰在平時的工作表現和為人處事深得上級主管的歡心，所以張翰不但得到了加薪晉級的機會，主管更讓他參與重大專案，張翰為此興奮了好幾天。

按照固定的程序，想要提拔一個人，公司需要先召開全體大會進行投票表決。張翰自認為在公司之中自己的人緣還算不錯，所以對投票表決這樣事情也就顯得信心十足。並且，只要主管拍板了，投票表決這件事情也只是走程序而已，所以張翰並不擔心有什麼意外會發生。

一個星期之後，主管把張翰叫到自己的辦公室，很嚴肅告訴他升職加薪這件事情暫停了。張翰錯愕問發生了什麼事情，主管含糊其辭說自己收到了一封匿名信。至於信的內容是什麼，張翰不用想都能夠猜得到。當他再想去追問究竟是誰在這麼做的時候，主管卻以要保護屬下的名譽而拒絕回答。

出了辦公室的張翰百思不得其解，自己一直以來和任何人都沒有過節，究竟是誰要痛下殺手呢？不明所以的張翰只得默默回到工作職位上，繼續自己當下的工作。然而，當他再一次來到吳芊芊面前處理公文的時候，卻發現吳芊芊正在收拾自己的辦公用品。

張翰驚訝問她這是要做什麼？吳芊芊滿臉春風回答說，自己替代了張翰得到了升職加薪的機會。在張翰還沒有醒悟過來的時候，吳芊芊回頭說了一句讓張翰可以恨她一輩子的話：「凡是我得不到的東西，那倒不如乾脆毀了它。」

正在這時，主管從辦公室走出來，吳芊芊上前伸手搭住了主管的手臂，兩人甜蜜走出了大門。獨留下滿臉痴呆的張翰望著遠去的兩個背影，他瞬間明白了一切。

【見招拆招】

吳芊芊的做法確實過分，但倘若張翰能夠提前看出一點苗頭，說不定到最後自己便不會落到如此尷尬的境地。所以，想要拒絕被小人暗算，我們就需要比他們潛伏更深，用更隱蔽的手法來保護自己。只有自己在暗處，才會把別人暴露在明處之下，才能保障自己減少傷害。

【拒絕竅門】

踏著別人的鮮血前進，踩著別人的肩頭攀高；你種樹，他乘涼；利用你替他們開路，成功時，不會報答你；甚至還會翻臉無情陷害你；他們占人便宜視為當然，怎麼會感激？面對在生活和工作之中無處不見背信忘義的小人，面對防不勝防的明槍暗箭，到底需要怎麼做才能拒絕給自己再樹立一個新的敵人呢？

請謹記以下幾條準則：

第一條，距離永遠是最佳保護傘

在你力所能及的範圍內善待所有人，但卻不能和任何人有著非同一般的親密。切記，往往最深愛的人，到最後卻會傷你最深。

第二條，鐵證如山才有說服力

對於自己的工作內容等要時時勤加記錄，一來可以看到自己是怎麼樣由當初什麼也不懂的菜鳥變成今天的專業老鳥，二來也可以防止某些惡意竊取資訊的人前來主動侵犯。畢竟，有憑有據，我們走到哪裡都不會理虧。

第三條，管好你身邊的「馬屁精」

其實，馬屁精也並不一定就是壞人。只是，他一個人拍馬屁卻建立在貶損他人的基礎之上，這你就需要特別注意了。在你背後，他說不定正在對著別人狂說你的壞話呢。對於這種人，還是少接觸為妙。

第四條，有挑戰書？好事！

你做出了一些成就，難免會引起他人的嫉妒。不要把嫉妒看成太過邪惡的東西，如果對方明著向你挑戰，最起碼你還可以肯定對方是一個光明磊落的人，還稱不上是小人。所以，面對挑戰書，積極應戰也是一個良性競爭的策略。

最後，身正不怕影子歪

不論是辦公室還是朋友之間的小圈子，總會有四起的謠言聲。某些人，本身就喜歡以製造謠言為樂。對我們來說，敬而遠之就足夠了。若是他們散布的謠言涉及到我們自己，相信身正影子自然不會歪。「清者自清，濁者自濁」，不必過多理會。主管若是相信你，也自然不會相信這些毫無根據的謠言；若主管連你是個什麼樣的人都開始懷疑的時候，你又何苦非為他奉獻賣命呢？

所以，拒絕給自己樹敵，最終的落腳點還是回歸到了我們自身。做好自己，敵人、朋友便自可分辨出來。物以類聚，志同道合的人自然會湊在一塊，敵人也終會離我們遠去。只要做到井水不犯河水，這在基本上就等於是一種成功。

電子書購買

國家圖書館出版品預行編目資料

因為不敢拒絕你，我總在浪費生命！擺脫濫好人，學會拒絕的 56 堂勇氣練習課 / 智語 著 . -- 第一版 . -- 臺北市：清文華泉事業有限公司, 2023.02

面；　公分

POD 版

ISBN 978-626-7165-20-1(平裝)

1.CST: 說話藝術 2.CST: 溝通技巧 3.CST: 人際關係

192.32　　111022268

**因為不敢拒絕你，我總在浪費生命！擺脫濫
好人，學會拒絕的 56 堂勇氣練習課**

臉書

者：智語
行 人：黃振庭
版 者：清文華泉事業有限公司
行 者：清文華泉事業有限公司
ail：sonbookservice@gmail.com
頁：https://www.facebook.com/sonbookss/
址：https://sonbook.net/
：台北市中正區重慶南路一段六十一號八樓 815 室
8F., No.61, Sec. 1, Chongqing S. Rd., Zhongzheng Dist., Taipei City 100,

(02) 2370-3310　　　傳　真：(02) 2388-1990
京峯彩色印刷有限公司（京峰數位）
廣華律師事務所 張珮琦律師

元
年 02 月第一版